Auf der Suche nach dem besseren Leben
Migranten aus Peru

HORLEMANN

Irene ahay:
Amigayki Gisela
qanpaq kay libro
apa murqa.
Libropipas tukuy
cariñoy kashanmi.
Bonn mayopi.
tunta =
amigayki

Die Deutsche Bibliothek – CIP-Einheitsaufnahme

Auf der Suche nach dem besseren Leben :
Migranten aus Peru / [Red.: Rose Haferkamp].
– Unkel/Rhein ; Bad Honnef : Horlemann, 1995
  ISBN 3-89502-023-0
NE: Haferkamp, Rose [Red.]

Lektorat: Michael Adrian

AutorInnen: Rose Haferkamp, Annette Holzapfel, Klaus Rummenhöller
Redaktion: Rose Haferkamp
Interviews: Annette Holzapfel
Grafik/Zeichnungen: Rose Haferkamp
Fotos: Rose Haferkamp, Annette Holzapfel, Udo Krone, Klaus Rummenhöller

Gedruckt in Deutschland

95 96 97 / 10 9 8 7 6 5 4 3 2 1

Inhaltsverzeichnis

Auf der Suche nach dem besseren Leben

Fahne des Vereins der Migranten aus dem Distrikt Colcha, Provinz Paruro, Departemento Cusco

Danksagung

Besonderer Dank gilt all jenen, die zum Entstehen dieses Buches beigetragen haben: Peruanerinnen und Peruaner in Lima, in Cusco und aus dem Hochland von Lima und den südperuanischen Anden. Sie schenkten uns ihr Vertrauen, indem sie aus ihrem Leben berichteten. Viele standen uns mit Rat und Tat zur Seite und ermutigten uns, am Ball zu bleiben. Denn die Umstände waren uns nicht immer günstig gesonnen.

Camela Arteaga, Félix Dávila, Angel Avendaño, Grimaldo Achahui, Modesto Callapiña, Francisca Quispe, Eufronio Obispo, Américo Salas und Dilma Salinas bürgten für unsere Vertrauenswürdigkeit und öffneten uns dadurch so manche Tür. Sie ermöglichten uns, uns selbst in schwierigen Zeiten und Situationen sicher zu bewegen. Von nicht schätzbarem Wert war für uns das Interesse, das Entgegenkommen und die Zusammenarbeit der Heimatvereine von Colcha und Quispicanchis in Lima sowie von Yaurisqui in Cusco. Rodolfo Diaz Palacios, Abteilung Migration des peruanischen Innenministeriums, und Iván Pinto unterstützten uns mit neuesten Informationen. Herr Inaba von der japanischen Botschaft in Bonn übermittelte und übersetzte uns wichtige Daten aus den japanischen Statistiken. Peter Masson aus Berlin stand uns tatkräftig bei der Suche nach Literatur und inhaltlichen Details zur Seite. Teófilo Altamirano nahm sich Zeit für den gedanklichen Austausch und ein langes Interview, das wir in Auszügen in dieses Buch aufgenommen haben.

Von 1988 bis 1991 konnten über 60 Interviews geführt und Dutzende von Fotodokumentationen in den unterschiedlichsten Lebenssituationen aufgenommen werden.

Rina Soto, Américo Salas und Nuris Peralta transkribierten einen großen Teil der Tonbänder – eine wahrlich mühselige Arbeit, die wir alleine nie geschafft hätten.

Shirin Jazaeri und Nando Capuani halfen bei der Dokumentation und Ordnung des Fotomaterials.

Besonderer Dank gilt Klaus Rummenhöller, den wir für die Mitarbeit am Projekt gewinnen konnten und der uns tatkräftig mit seinen Erfahrungen, seinem Wissen und Material unterstützte.

Misereor legte durch einen Zuschuß die Basis für das Projekt. So konnten wir uns drei Monate lang in Peru darauf konzentrieren, nur für das Projekt und die umfangreiche Interview- und Fotodokumentation, die dem Buch und der Ausstellung zum gleichnamigen Thema als Grundlage dienten, zu arbeiten.

Durch den Beitrag Misereors konnten auch alle Beteiligten von uns Dokumentationsfotos erhalten.

Die Kommission Europäischer Gemeinschaften ermöglichte uns durch ihre finanzielle Unterstützung, langfristig am Thema zu bleiben, Ausstellung, Buch und pädagogische Projekte auszuarbeiten. Sie beteiligt sich an der von den PeruanerInnen erwünschten spanischsprachigen Veröffentlichung der Ergebnisse.

Herzlich verbunden fühlen wir uns unseren Freunden und Lebenspartnern für ihre langjährige Geduld, Gesprächsbereitschaft und praktische Unterstützung.

Wir danken dem Horlemann-Verlag für sein Interesse und sein Engagement, dieses Buch herauszugeben.

Rose Haferkamp
Annette Holzapfel

Auf der Pampa von Utari
weine noch nicht, gefleckter Schmetterling.
Noch lebe ich
und will zu dir zurück,
will zu dir zurück.
Wenn ich sterbe,
wenn ich verschwinde,
dann leg Trauer an,
und lerne weinen.

Noch lebe ich.
Der Falke wird dir von mir sprechen,
der Stern am Himmel erzählt dir von mir.
Noch will ich zurückkommen,
noch kann ich zurück.
Noch ist es nicht die Zeit der Tränen,
gefleckter Schmetterling.
Die saywa*, die ich auf dem Gipfel errichtete,
ist noch nicht eingestürzt,
frag sie nach mir.

(Meister Oblitas in Arguedas
Die tiefen Flüsse.
Übersetzung ins Deutsche:
Suhrkamp 1980, Orig. 1958)

Ankündigungstafel für den
Ausbau der städtischen Siedlung Santa Monica in Cusco
»Mit freundlicher Unter-
stützung von Coca-Cola«.

Gesehen in Cusco 1990.

*   Ein Steinhaufen, den man errichtet, um ein Zeichen zu hinterlassen, und um einen
    positiven Ausgang seines Schicksals zu bitten.

9

Vorwort

Menschen unterwegs – auf der Flucht vor Naturkatastrophen, Krieg, Verfolgung, Hunger, auf der Suche nach Sicherheit für Leib und Leben, ja Überleben, aber auch einem besseren Leben, Geborgenheit, Anerkennung und Freiheit von verkrusteten Traditionen, vielleicht auch unterwegs aus Neugierde und der Suche nach Herausforderungen an sich selbst.

Migration hat es immer schon gegeben, seitdem der Mensch die Erde bevölkert; ihr Ursachen und Ziele waren immer vielfältig. Aber immer auch begleitete die Migration eine Ahnung von einem besseren Leben, gleich ob ökologische, ökonomische, soziale, politische oder ganz persönliche Faktoren im Mittelpunkt standen.

Viel ist geschrieben und geredet worden in der letzten Zeit über die Wanderungen nach Europa. Da ist von »Strömen« und »Fluten« die Rede und der Angst vor Überfremdung und Ausblutung des Wohlstandes. »Das Boot sei voll«, meinen einige. Ein neues Ausländer- und Asylgesetz in Deutschland soll die Menschen davon abschrecken, einzureisen, oder den Aufenthalt erschweren. Von den Millionen von Menschen, die in anderen Teilen der Welt die Grenzen wechseln oder »nur« innerhalb ihrer Nationalstaaten von einer Region in die andere ziehen, wird selten gesprochen. Selten ist die Rede von Ländern, die viel ärmer als Deutschland oder die europäischen Staaten sind, und wie sie den kontinuierlichen oder plötzlichen Zustrom sogenannter Fremder verkraften; es sei denn, man entdeckt darin eine maßlose moralische und internationale Katastrophe, wie zum Beispiel in Somalia oder Ruanda. Die Beispiele zeigen aber auch, daß diese Situationen nicht mit Aktionismus zu lösen sind.

Die gegenwärtigen Wanderungsbewegungen auf der Welt gehen zurück auf die globalen ökonomischen, sozialen, kulturellen, technologischen und politischen Umwälzungen, aber auch auf die Veränderungen der Umwelt, die der expandierende europäische Kolonialismus seit dem 15. Jahrhundert mit sich brachte. Mehr als 500 Jahre Kolonialismus schlagen heute auf die europäisch geprägte Welt zurück. Die Motive und Ziele, die die Menschen zum Verlassen ihrer Heimat bewegen, spiegeln alle Facetten dieser Beziehung wider. Die weltweite Migration hat in den 80er und 90er Jahren neue Dimensionen angenommen. Gesetze werden sie nicht verhindern. Wohl aber können wir aus einer genaueren Untersuchung der Vorgänge in den ärmeren Regionen der Welt und ihrer Einbettung in das weltweite Umfeld langfristig neue Vorstellungen von einem gemeinsamen Leben auf dieser Welt gewinnen.

So wie in der Vergangenheit europäische Auswanderer in den Amerikas unwürdigen und elenden Lebensbedingungen oder der weltanschaulichen Verfolgung in Europa zu entfliehen suchten, so haben auch heute MigrantInnen aus aller Welt die Hoffnung auf ein besseres Leben nicht aufgegeben.

Peru ist für uns ein Beispiel. Während der Staat und das Land verelenden, hat sich die Migration zu einem festen Bestandteil des Lebens entwickelt. Ob sie immer zu einem besseren Leben führt, bleibt offen.

Wir werden im folgenden MigrantInnen und ihre Lebensgeschichten ins Zentrum unserer Arbeit setzen, um von dort aus ihre Einbettung in die globalen gesellschaftlichen Kontexte erfahrbar werden zu lassen. Denn wie leicht verlieren wir uns in statistischen Zahlen und vorgefaßten Meinungen über andere Menschen, urteilen wir über zwischenmenschliche Wahrnehmungen und Empfindungen.

Nutzen wir unsere Fähigkeit, im anderen unsere eigenen Wünsche, Hoffnungen, Vorstellungen und Ängste zu entdecken.

Die AutorInnen haben Jahre ihres Lebens mit Menschen in der Migration verbracht, mit ihnen gearbeitet und gelebt. Speziell für dieses Buch und unsere Ausstellung zum selben Thema zeichneten wir über 60 Interviews auf. Wir lassen die Betroffenen im Wechsel mit Hintergrundtexten selber sprechen oder integrieren die Interviewauszüge in die einzelnen Themen.

Wir möchten jedoch nicht den Anschein erwecken, als könne man die gesellschaftlichen Prozesse völlig individualisieren. Wir werden uns bemühen, immer auch die übergeordneten, allgemeinen Kontexte zu erschließen und für den Leser einsichtig werden zu lassen.

Auch wenn Europa heute von den großen Einwanderungen der Peruaner »verschont« ist, weil der große Teich und die Einreisebedingungen Hindernisse darstellen, so wächst doch ihr Anteil an der internationalen Migration ständig. Auswanderung in die USA gehört zum Standard. Nicht umsonst mußte die erste designierte Justizministerin der Regierung Clinton wegen der illegalen Beschäftigung peruanischen Hauspersonals gehen.

Rose Haferkamp
Annette Holzapfel

»Viele junge Leute und auch einige reifere verließen Yanañahui. Sie hofften, irgendwo einen besseren Boden zum Leben oder vielleicht gar ein wenig Erfolg zu finden. Es hieß, an anderen Orten gebe es ordentliche Löhne zu verdienen, und man könne sehr gut vorwärts kommen. Calixto Pauca ging, ebenso Amadeo Illas mit seiner Frau, dann Demetrio Sumallacta, Juan Medrano und Simona, deren Eltern verlangten, daß sie bei der ersten Gelegenheit heirate, Leon Mayta und seine Familie, Romulo Quinto und seine Frau mit dem kleinen Simeon … und viele andere aus der Gemeinde. Der kleine Simeon merkte von all den Mühsalen noch nichts. (…)

Die Mehrheit fühlte sich zu alt, um noch irgendwo neu anzufangen und die Gewohnheiten zu ändern. Ihre Familien waren groß und sollten nicht gefährdet werden. Alle, die weg-zogen, wußten ja kaum, wohin und welche Arbeit sie finden würden. Einige waren sehr hoffnungsfroh gegangen. (…)

Langsam schritten diese Leute davon, mit schweren Bündeln bepackt. Sie gingen ›in die Welt hinaus‹ …«

(aus: Ciro Alegria, Die Welt ist groß und fremd. Deutsch 1980, Orig. 1941)

Migration als weltweites Phänomen

Rose Haferkamp

»Heute leben etwa
100 Millionen Men-
schen weltweit
nicht im Land ihrer
Geburt.«
Nafis Sadik, Vertreterin der
UNFPA 1993 in Santa Cruz
de la Sierra, Bolivien

Die Motive und Ziele der Menschen und Menschengruppen, die wandern, waren und sind sehr unterschiedlich. Sie reichen von ganz persönlichen Motiven bis hin zu Naturkatastrophen und Kriegen. Die heutigen Wanderungsbewegungen wurzeln jedoch in der weltweiten Verknüpfung von Wirtschaft, Handel, Transport, Technologie, Umwelt, Kulturen und Gesellschaften, die mit dem europäischen Kolonialismus im 15. Jahrhundert einsetzt. Seit der Industrialisierung ist diese Migration sehr stark begleitet von der Landflucht sowie der Abwertung bäuerlichen Lebens und Nahrungserwerbs. Zunächst waren die industrialisierten Regionen davon betroffen, in der Folge jedoch auch die anderen Lebensräume auf der Welt.

Unter der Tonangabe der abendländisch-christlichen Zentren beginnt der Weltmarkt für Waren und Weltanschauungen sich zunehmend zu vereinheitlichen.

Blick auf ein Elendsviertel am Rande von Lima.

Geschichte der Migration seit der Industrialisierung

An den Verkehrs- und Industriestandorten wuchsen wirtschaftliche Ballungsräume, während die ländlich gebliebenen Zentren und Marktorte einen starken Bedeutungsverlust erlitten.

Industrialisierung

Bäuerliche Produkte verloren ihre wirtschaftliche Konkurrenzfähigkeit gegenüber den Industriewaren. Eine Ausnahme bildeten lediglich die Erzeugnisse für die überregionalen Märkte (cash-crops), die in modernisierten landwirtschaftlichen Großbetrieben angebaut wurden. Da die Infrastruktur im Landesinnern oft unzureichend war, konnten die Wettbewerbsnachteile und der Druck auf die Preise auch dort zur Aufgabe des landwirtschaftlichen Betriebs führen. Während die Preise sanken und ein großer Teil der Marktversorgung von mittelgroßen und Kleinbauern übernommen wurde, steckten die reichen Bauern und adligen Gutsbesitzer ihr Geld lieber in die vielversprechende, aufstrebende Industrie.

Für die ländlichen Regionen und die Provinzstädte ergaben sich daraus weitreichende Nachteile:

Folgen für die ländlichen Regionen

● Unterversorgung mit Bildungseinrichtungen aller Art und damit einhergehend Ausbildungsrückstand und Wettbewerbsnachteile gegenüber der städtischen Bevölkerung.
● Unzureichende gesundheitliche Versorgung.
● Erschwerter Zugang zu aktuellen Nachrichten.
● Mangelhafte Versorgung des Marktes mit Importwaren, Industriegütern und Konsumwaren mit hohem Prestigewert.
● Entstehung einer Fiktion vom Stadtleben im Zusammenspiel mit veränderten Wertvorstellungen und deren Symbolen, die auf dem Lande nicht oder nur selten erreichbar waren wie Vergnügungsstätten oder saubere Büroarbeit.
● Abwanderung der ökonomisch aktiven Bevölkerung in die Städte zur Arbeit in der Industrie und in Dienstleistungsberufen.

Die bäuerliche Wirtschaft erlitt einen so starken Einkommens- und Prestigeverlust, daß man in Europa nach dem Zweiten Weltkrieg gezwungen war, ihre Existenz durch Unterstützungs- und Ausgleichzahlungen zu sichern.

Im wesentlichen wiederholt sich in diesen Punkten die Geschichte Europas in den Ländern der Dritten Welt. Sie müssen allerdings durch einige wichtige Benachteiligungen ergänzt werden:

Migrationsgeschichte Industrieländer / Entwicklungsländer

● Diese Länder finanzierten durch die Profite aus dem Dreieckshandel zwischen Europa, Afrika und Amerika und aus dem Asienhandel mit ihrer Agrarwirtschaft, ihren Rohstoffen und ihren Menschen einen großen Teil der europäischen Industrialisierung.
● Sie deckten durch Agrarimporte den Rückgang in der bäuerlichen

Agrarwirtschaft

Produktion, den die Landflucht und Auswanderung in Europa zur Folge hatte.

● Sie boten europäischen AuswanderInnen und Flüchtlingen Lebensraum und Existenzmöglichkeiten, die oftmals auf Kosten ihrer eigenen Bevölkerung gingen.

Industrialisierung

● Ihre Metropolen und Ballungszentren können niemals den Industrialisierungsgrad und den Wohlstand ihrer europäischen und US-amerikanischen Schwestern erreichen, solange letztere
– die Wettbewerbsbedingungen diktieren,
– die Vergabe von Kapital verwalten,
– sich in ihre Innenpolitik einmischen;
– über IWF und Weltbank und andere engagierte Organisationen euro-amerikanische Vorstellungen von »Entwicklung« diktieren.

Bevölkerungswachstum

● Die Kontrolle des Bevölkerungswachstum wurde durch kulturelle Eingriffe und Zerstörung traditioneller Gesellschaftssysteme verhindert (z.B. Intoleranz gegenüber der Geburtenkontrolle, Machismo, Verachtung eigener kultureller Werte, Minderwertigkeit des Nicht-Weißen, Verelendung auf dem Lande und in den Armenvierteln).

Folgen

Schon allein die wirtschaftlichen Unsicherheiten durch die Schwankungen der Weltmarktpreise, Inflation, politische Auseinandersetzungen sowie der Mangel an anspruchsvollen Berufen ziehen mit zyklischer Regelmäßigkeit Kapitalflucht und Abwanderung aus den Oberschichten und dem Mittelstand nach sich. In Ländern wie Peru führten sie sogar zur Aufgabe vorhandener Produktionsstätten, die den Oberschichten gehörten. Das verflüssigte Kapital bildete den Grundstock zu einer neuen Existenz im Ausland. Ein Studium im Ausland verheißt nicht nur in Peru seit Jahrzehnten den Weg in eine bessere Zukunft und den gesellschaftlichen Aufstieg.

Supermarkt in Cusco, Weihnachten 1989

So stammten 85% der EinwanderInnen in die USA, Kanada und Australien in den Jahren 1985–87 aus Entwicklungsländern, verließen 30% der gut ausgebildeten AfrikanerInnen bis 1987 ihre Heimat, um sich in Ländern der Europäischen Gemeinschaft niederzulassen, kehrten etwa 50.000 WissenschaftlerInnen allein Argentinien den Rücken und erlitt der gesamte Andenraum Lateinamerikas durch Abwanderung einen Verlust an Investitionen in den Bildungssektor in Höhe von 617 Millionen US-$.[2]

Daten und Fakten zur Abwanderung

In den USA stieg die Zahl des lateinamerikanischen Fachpersonals in den siebziger Jahren um das Doppelte. Die OECD-Statistik von 1992 schätzt, daß von 1961 bis 1983 aus Lateinamerika 700.000 Fachleute in die USA, nach Kanada, Großbritannien, Spanien und Portugal abwanderten. Auch wenn innerhalb Lateinamerikas Venezuela, Argentinien und Brasilien zu den wichtigen Aufnahmeländern gehören, so doch eher, weil es eine ganze Reihe von praktischen Schwierigkeiten gibt, in die USA oder nach Europa zu gelangen.[3]

Kolumbien, Chile, Argentinien, Paraguay, Uruguay und Peru zählen heute zu den wichtigsten Auswandererländern Lateinamerikas, wobei die Situation in Peru als die prekärste gilt.[4]

Weltweit erhöht sich ständig der Anteil der Frauen an der Migration. Sowohl die Lebensverhältnisse in den Herkunftsländern als auch die Nachfrage nach weiblichen Arbeitskräften in den Zielländern haben zur Folge, daß in vielen Gebieten über 50 Prozent der Migranten Frauen sind.[5]

Frauen

Die wirtschaftliche Situation ist längst nicht immer die entscheidende Motivation zur Abwanderung. Sehr häufig bestimmt das Defizit an Bildungsmöglichkeiten, an Chancen, den erlernten Beruf auszuüben oder fehlende Teilhabe an der »modernen« städtischen Kultur die Migration. Sie wird als Voraussetzung angesehen, die berufliche und wirtschaftliche Situation sichern zu können sowie im gesellschaftlichen Leben mitzusprechen.

Motivation:
– Bildung
– Arbeit
– Teilnahme an der Stadtkultur

Dies erfuhren wir nicht nur in unseren Interviews. Die Ergebnisse decken sich auch mit Untersuchungen in Venezuela: Als man dort das Bildungswesen auf dem Land verbesserte, ging die Binnenmigration zurück und nahm das Engagement für eine Lebensplanung vor Ort zu.[6]

Nachweislich entwickelte auch Südkorea eine Anti-Emigrationspolitik, indem es die Bildungsangebote und die Universitäten dezentralisierte sowie die Ansiedlung von Handel und Industrie in den Provinzstädten förderte. So schrieben sich 1985 nur 35% der Studenten an den Colleges und Universitäten Seouls ein, 1970 waren es dagegen noch 67%.[7]

Migration und theoretische Konzepte

Theorien

Im wesentlichen beeinflußten sowohl historische als auch wirtschaftliche, soziale und kulturelle Faktoren bereits die klassischen theoretischen Überlegungen der Migrationsforscher, angefangen von den *»push-and-pull«-Modellen* (Modell von abstoßenden und anziehenden Faktoren am Herkunfts- bzw. Zielort) über die *Theorie des Ausgleich struktureller Spannungen* zwischen Macht(streben) des Migranten und Prestige(gewinn) durch Migration[8] bis zu *Modellen der Kosten-Nutzen-Analyse,* d.h. des Abwägens von Vor- und Nachteilen[9].

Das Gesellschaftliche

Das Individuelle

Die vielschichtigen persönlichen Motive und Entscheidungswege des einzelnen Menschen lassen sich jedoch nur aus seiner konkreten *individuellen Situationsdefinition* erschließen.[10] Viele – auch die klassischen – Untersuchungen gehen daher in der Praxis tatsächlich *entscheidungstheoretisch* vor.

Aus den Handlungsentscheidungen des einzelnen lassen sich die allgemeineren gesellschaftlichen Einflüsse und Bedingungen, die zu seinem Entschluß geführt haben, herausarbeiten.

Das Kulturelle

Zudem erfordert die häufig unterschiedliche kulturelle Herkunft der MigrantInnen und der ForscherInnen Vorsicht gegenüber möglicherweise kulturell verschieden geprägten Wertvorstellungen und Erklärungsmustern des Handelns.

Wer ist Migrant?

Schichtzugehörigkeit

MigrantInnen unterscheiden sich sowohl in der Herkunfts- wie auch in der Zielregion in wesentlichen Persönlichkeitsmerkmalen von Nicht-MigrantInnen. Oft läßt sich erkennen, daß sie risikofreudiger und aktiver sind. Die unteren und oberen Gesellschaftsschichten sind verhältnismäßig stärker vertreten als die Mittelschicht. Mit der zunehmenden Verschlechterung der wirtschaftlichen und beruflich befriedigenden Situation in vielen Ländern der Welt, nimmt auch die Mittelschichtmigration zu.

Menschen aus ärmeren Bevölkerungsgruppen werden oft finanziell oder praktisch von Anwerbern unterstützt, um sich die Reise überhaupt leisten zu können. Ein Beispiel stellt die peruanische Tradition des »enganche« dar.[*]

Familienzugehörigkeit

Manchmal werden auch außergewöhnliche Ersparnisse und familienverwandte Kontakte eingesetzt, um die Migration zu ermöglichen. Ebenso spielt das individuelle Stadium im Lebenszyklus und die Stellungnahme der Familie eine Rolle. Vor allem in den Entwicklungsländern kann der einzelne Abwanderer mit seinen Motiven

---

[*] Siehe Grafik Seite 49 im Kapitel »Peruanische Migrationsgeschichte«.

Annäherung an ein entscheidungstheoretisches Modell

Migrationsverhalten

Ungleichgewichte
real oder fiktiv

Herkunftsgesellschaft

Zielgesellschaft

Situationsdefinition MigrantIn
direkte Auslöser

Umweltprobleme

Politische Gewalt

Zugang zu Bildung und Wissen

Zugang zu Arbeit und Erwerbsmöglichkeiten

Möglichkeiten zur Schaffung von
Arbeitsplätzen

Zugang zu Gesundheitsversorgung

Zugang zu Vergnügungs- und
Kommunikationseinrichtungen

individuelle gesellschaftliche,
familiäre, persönliche Konflikte

Kulturelle Einflüsse des Zielgebietes
durch Werbung und Medien

Vermittlungsagenturen für Arbeit
und Ausreise

Tochtergesellschaften internationaler Unternehmen

Auslagerung von Fertigungsprozessen

Erwerb von Kenntnissen und Kontakten,
die Arbeits- und Kulturmigration fördern

Kapitaltransfer von Unternehmen, Banken, Entwicklungsorganisationen

Gefühl der Minderwertigkeit

Existentielle Sicherheit

Politische Stabilität

Qualkität von Schule und Universität

Arbeit, Verdienst, berufliche Anerkennung

Unterstützung der Menschen
in der Heimat

Gesundheitseinrichtungen

Vergnügungsstätten, Medien

Distanz zu Konflikten,
persönliche Entfaltung

Teilhabe an der Konsumwelt

Anwerbung von ausländischen
Arbeitskräften

Defizite in ausgewählten Tätigkeits-
und Berufsbereichen

Fortschrittlichkeit

Familie

Arbeit

Schule

Medien

Kontakte im Zielgebiet

Migrantenbesuche

Rückkehrer

und Zielen, aber auch seinem Migrationsweg nur in seinem Famili-
enzusammenhang verstanden werden.

Wichtig ist auch, ob jemand aus einer positiven oder negativen
Motivation heraus weggeht. So hat jeder Migrant seine eigene, für

ihn typische und aus seiner Biographie heraus zu verstehende Geschichte. Erst in größeren Kontexten finden sich die gemeinsamen Merkmale wieder.

»Während sich die Migrationsmotive mit dem gesellschaftlichen Stand und dem damit verbundenen Wertsystem einer Gemeinschaft ändern können, bleiben die alles bestimmenden Prinzipien die gleichen: Familie, Selbstversorgung und Reziprozität...«.[11]

Äußere Umstände
Die Individualitäten fallen jedoch fort, wenn massive aktuelle äußere Eingriffe in das Leben auftreten und niemandem mehr eine Wahl lassen wie

– Naturkatastrophen;
– Umweltzerstörung als langjährige Folge ökologischer Ausbeutung;
– politische Konflikte, Kriege, Bürgerkriege und Verfolgung.

Was ist Migration?

Definition:

Migration ist ein Ortswechsel und ein menschliches Handeln im sozialen System, die mit einem dauernden oder längerfristigen Wechsel des Wohnsitzes verbunden sind. Sie gibt zunächst keine Auskunft über die Entfernung des Umzugs oder über die freiwillige oder unfreiwillige Art der Handlung. Man kann keinen Unterschied zwischen internationaler und nationaler Wanderung machen.

Frei nach einer Definition von ISOPLAN, Länderkunde Türkei, Saarbrücken 1985

Zeit und Migration

Die verschiedenen zeitlichen Ebenen von Migration lassen sie sich im wesentlichen auf folgende Merkmale reduzieren:

Permanente Migration
Permanente Migration entsteht, wenn jemand auf Dauer seinen Wohnsitz verlegt und am neuen Ort seinen Lebensmittelpunkt aufbaut. Sie bedeutet nicht notwendigerweise einen Abbruch der Beziehungen nach Hause. Häufig versteht man darunter den geradlinigen Migrationsprozeß Dorf – Provinzstadt – Ballungszentrum.

Saisonale Migration bedeutet, daß jemand einen bestimmten Teil des Jahres von zu Hause fortgeht, um an anderer Stelle Geld zu verdienen. Diese Zeiten können sowohl durch vorübergehende Engpässe im Zielgebiet (z.B. Ernte) als auch durch vorübergehende Arbeitspausen im Herkunftsgebiet (z.B. der Winter in der Landwirtschaft) bestimmt werden. Sie kann aber auch im Einverständnis einer Haushaltsgruppe die regelmäßige, begrenzte Abwesenheit eines Haushaltsmitgliedes beinhalten. Oft ist sie fester Bestandteil der allgemeinen familiären und kommunalen Organisation.

Da die saisonale Migration in vielen Statistiken nicht erfaßt wird, wird ihr Ausmaß unterschätzt. Mit der weiteren Erleichterung von Informationsaustausch und Reisemöglichkeiten über die Grenzen hinweg wird mit einer enormen Zunahme dieser Wanderungsprozesse gerechnet.

»Die Land-Stadt-Wanderung muß im Rahmen des gesamten Sozialsystems interpretiert werden, wobei die zentralen Kräfte im Sozialsystem der bäuerlichen Gesellschaft zu suchen sind ...«[12]

Im Fall der zirkulierenden Migration ist der Migrationsprozeß mit der einmaligen Verlegung des Wohnsitzes und der Erwerbstätigkeit nicht abgeschlossen. Aufgrund unterschiedlichster Umstände wechselt der Migrant seinen Aufenthaltsort. Möglich, daß er auch zeitweilig in die Heimat zurückkehrt, umdann erneut in die Fremde zu gehen.

Beispielsweise zieht jemand zunächst als Tagelöhner auf eine Plantage, läßt sich dann als Goldwäscher anheuern, geht nach Hause und danach als Bauarbeiter in die Stadt, um zu einer bestimmten Jahreszeit wieder als Tagelöhner zu beginnen.

Zirkulierende Migration liegt auch vor, wenn die Verdienstmöglichkeiten auf dem Land oder in den Bergwerken besser als in den städtischen Zentren sind, und ehemalige MigrantInnen die Städte wieder verlassen, um der Arbeit nachzureisen.

Raum und Migration

Intraregionale Migration liegt vor, wenn die Menschen innerhalb einer politisch oder geschichtlich entstandenen Provinz oder Region eines Nationalstaates wandern. In Einzelfällen kann die Region aus historischen Gründen auch die Grenzen eines Staates überschreiten.

Sie kann verschiedene Merkmale aufweisen:

- saisonale Migration in Gebieten mit unterschiedlichen Klimazonen, die mit einem Wechsel der landwirtschaftlichen oder sonstigen beruflichen Tätigkeiten verbunden ist.

- Saisonale Migration in ländliche oder städtische Gebiete mit Arbeitskräftebedarf.
- Permanente Migration innerhalb ländlicher Gebiete.
- Permanente Migration vom Land in die Stadt;
  permanente Migration ist oftmals wesentlicher Bestandteil des geschichtlich gewachsenen Sozial- und Haushaltssystems einer Region.
- Zirkulierende Migration mit wechselnden Tätigkeiten und Aufenthaltsorten.

Intraregionale Migration wurde aus europäischer Sicht in der Vergangenheit wenig beachtet, da die ausufernden städtischen Ballungszentren – so wie in Europa auch – im Mittelpunkt der Aufmerksamkeit standen.

In anderen Teilen der Welt, in denen die Nationalstaaten eine vielfache Größe der europäischen Staaten betragen und in denen während der Kolonialzeit Grenzen oft mit dem Lineal gezogen wurden, spielen die Regionen für die Einheimischen eine wichtige Rolle.

Migration als Ergebnis von Politik und Verwaltung

So kann Migration innerhalb der Region für deren Bewohner eine historische und wirtschaftliche Selbstverständlichkeit bedeuten. Erst moderne bürokratische oder politische Eingriffe machten aus ihnen Migranten.

So waren Bewohner von Dörfern und Kleinstädten um die Provinzhauptstadt Cusco in Peru in ihrer Selbstwahrnehmung Cusqueñer. Die Stadt war auch ihre Stadt. Die Frage nach ihrer Herkunft, wann und warum sie nach Cusco gezogen waren, verstanden sie nicht. Erst die Bürokratie und unsere Sprache hatte aus ihnen Migranten gemacht. – Gleichzeitig unterhielten sie jedoch Clubs, wo sich die Leute aus einem Dorf trafen und für die Verbesserung der Lebensverhältnisse dort einsetzten.

Regionale Beziehungen

Die intranationale Migration beinhaltet alle Wanderungsbewegungen, die sich innerhalb des Nationalstaates abspielen. Intranational stehen meist Prozesse der Land-Stadt-Wanderung im Mittelpunkt des Interesses, obwohl die Beziehungen zwischen verschiedenen Regionen und kleineren Ballungszentren außerhalb der Metropolen ebenso wichtig sein können. Häufig prägen denn auch traditionelle kulturelle, wirtschaftliche und soziale Kontakte das Verhalten der Migranten.

In den Entwicklungsländern ist die interne Migration bedeutsamer als die internationale.[13]

Internationale Migration führt oft eine bestehende Migrationsbewegung fort. Aber auch hier setzen geschichtlich verankerte Beziehungen Zeichen:

So haben Europäer ihre Gründe, in die USA, nach Kanada, Australien oder Neuseeland auswandern zu wollen. Vor wenigen Jahren standen noch Staaten wie Paraguay, Uruguay und Argentinien auf ihrer Liste. Polen, Russen, Rumänen und eine Vielzahl deutschstämmiger Volksgruppen aus Südost- und Osteuropa träumen von Deutschland. Gemeinsame kulturhistorische Wurzeln spielen hier ebenso eine Rolle wie die Propaganda des Kalten Krieges, die Werbung, die Medien und der wirtschaftliche Einfluß der reichen Industrienationen.

Menschen aus Ländern der Dritten Welt hatten ihre Kolonialherren und leben in einer Welt der Globalisierung europäischer Wertmaßstäbe. Ihre Eliten leben schon seit Jahrzehnten mit einem Bein in ihren europäischen »Mutterländern«. Ihr Kapital haben sie schon längst dort angelegt. In Zeiten der wirtschaftlichen Krise, der Internationalisierung der Medien und Reisemöglichkeiten schließt sich ihnen der bodenständigere Mittelstand an. Ein beträchtlicher Teil der Fachkräfte, die heute ihr Glück im Ausland suchen, stammen aus diesem Mittelstand oder aus der gesellschaftlich aufgestiegenen zweiten oder dritten Migrantengeneration.

Selbst die Armen finden Mittel und Wege, große Entfernungen zu überwinden, denn Migration an sich ist ihnen nicht fremd. Sie bildete immer einen wichtigen Teil ihrer Lebensbewältigung.

Zur internationalen Migration zählt auch die Abwanderung in benachbarte Länder wie von Peru nach Chile, Argentinien oder Venezuela, von Mexiko in die USA oder von Ghana nach Nigeria.

Letztlich stehen allerdings die alten Kolonialmächte, die bis heute das Leben und die Medien beherrschen, ganz oben auf der Liste. Und was in Europa Deutschland, Frankreich, England oder Spanien sind, sind in Amerika die USA und Kanada und ist in Asien Japan.

So schlägt heute die Annexion der spanisch-mexikanischen Provinzen von 1848 und die jahrzehntelange wirtschaftliche und politische Hegemonie Lateinamerikas auf leisen Sohlen auf die USA zurück. Schätzungen zufolge sprechen mehr als 10% der US-Bevölkerung, im Süden teils über 50%, Spanisch als Muttersprache. Hierin spiegelt sich nicht nur die höhere Geburtenrate der »Hispanos«[14], sondern auch die massive Einwanderung – legal und illegal – aus Lateinamerika und der Karibik wider.[15]

Die Rückwanderung

Viele Auswanderer und viele Flüchtlinge träumen eines Tages davon, einmal in die Heimat zurückzukehren. Kindheit und Jugend hinterlassen ihre Spuren ebenso wie die Erlebnisse und Erfahrungen in der Fremde. Ihre Nachkommen sprechen oft noch nach Generationen davon, heimkehren zu wollen. Für viele bedeuten Krankheit und Heimweh dasselbe.

Die Wirklichkeit klebt jedoch an ihnen wie eine zähe Masse. Vielleicht hat man sich in der neuen Heimat etabliert, hat an der Gestaltung eines heimatlichen Ambiente mitgewirkt, hat Ehepartner und Kinder, die die Heimat nicht kennen. Vielleicht schlägt sich jemand gerade so durch, verdient, hat aber einen sozialen Abstieg erlitten. Vielleicht würde man zu Hause als Neureicher verspottet oder als Versager abgestempelt.

Auch Nicht-Migranten besitzen ihr Bild vom Abwanderer, insbesondere wenn es sich um eine dauerhafte Migration handelt. Man hat sich entfremdet. Der eine wie der andere hatten Vorstellungen von Erfolg und Versagen, von städtischer Modernität und ländlichem Hinterwäldlertum, von emotionaler Verbundenheit und Abgrenzung.

Mut zur Rückkehr

Trotz der gefühlsmäßigen Verbundenheit erfordert Re-Migration Mut und manches Mal konkrete Anlässe: einen Sterbefall, Erbschaftsangelegenheiten, Arbeitsplatzverlust, Verfolgung… Sie ist abhängig von der ganz persönlichen Situation eines Menschen, ist stark emotional bedingt und bedeutet in der Regel in den Augen der Heimatgesellschaft einen sozialen und wirtschaftlichen Abstieg, der nur durch ein bewußtes »Aufeinander-Einlassen« der RückkehrerInnen und Daheimgebliebenen bereinigt werden kann.

Rückkehrprobleme

Soziale und emotionale Spannungen können aber auch auftauchen, wenn in männlich dominierten Gesellschaften die Ehefrauen alleine zu Hause blieben und zu neuen Formen der Selbständigkeit gezwungen wurden, die nun mit den Gewohnheiten der Rückkehrer in Konflikt geraten.

In der Folge der prekären wirtschaftlichen Krisen, die manche Länder heute erleben, zeichnen sich auch unterschiedliche Lösungen der Stadt-Land-Rückkehr ab: In Nigeria zum Beispiel erwerben oder pachten ehemalige Stadt-Land-Migranten Agrarland oder Gartenland in einigermaßen gut erreichbaren ländlichen Gebieten und beginnen dort eine Produktion für den städtischen Bedarf.[16]

Vergleichbares wird aus Peru berichtet, ist jedoch noch nicht untersucht worden. Hier soll es sogar Leute geben, die aus sogenannten günstigen Lagen an der Küste ins Hochland zogen und dort brachliegendes Ackerland bewirtschafteten.

Die Rückwanderung von Menschen, die vor kriegerischen Konflikten, Verfolgung oder Umweltkatastrophen flohen, gestaltet sich ebenso umso schwieriger, je länger sie in der Fremde ausharren und sich dort einrichten mußten.

Die Erhaltung und Wiedereinrichtung menschengerechter Lebensbedingungen in ihrer Heimat erfordert mehr denn je nicht nur von jedem einzelnen, sondern auch von politischen und wirtschaftlichen Meinungsführern die Übernahme von Verantwortung für das, was in der Welt geschieht.

Ein ganz eigenes Thema ist die Situation der Rückkehrerkinder, die von allen Beteiligten ein hohes Maß an Feinfühligkeit, Toleranz und Respekt verlangt. Viele Beteiligte fühlen sich mit den Problemen dieser Kinder überfordert. Die Zukunft der Remigrantenkinder ist jedoch eng mit dem grundsätzlichen sozialen und kulturellen Selbstverständnis der Eltern und ihres gesellschaftlichen Umfeldes verbunden.

    Eine große Zahl von Eltern hat sich gerade der Zukunft ihrer Kinder zuliebe an einem Ort, der ein besseres Leben verspricht, niedergelassen.

Kinder

Die Bedeutung personaler Beziehungen in der Migration

Fast alle Migranten stützen sich auf persönliche Beziehungsgeflechte, die ihnen den Weg und den ersten Aufenthalt am Zielort sichern. Arbeit ist ohne Beziehungen oft nicht zu haben und wird so manches Mal schon vor der Abreise über Mittelspersonen vereinbart. Sobald die Anwerbung von Migranten ein Geschäft verspricht, entwickeln sich auch professionelle Büros und Agenturen.

Kontaktpersonen, Vermittler und Arbeitgeber in der Fremde können sein:

Kontakte

– bereits früher abgewanderte Verwandte;
– Verwandte in anderen Städten, Regionen;
– Migranten aus demselben Ort, zu denen eine schulische, berufliche, freundschaftliche, soziale oder organisatorische Nähe besteht;
– professionelle Vermittler, denen sich der Migrant aufgrund gleicher sozialer oder kultureller Herkunft verbunden fühlt;
– legale und illegale Vermittlungsfirmen und Organisationen im In- und Ausland.

Abgesehen von den professionellen Vermittlungsformen, die bereits Tradition besitzen können, nennt man den Rückgriff auf sozial und persönlich nahe stehende Bezugspersonen Kettenmigration (= chain migration).

    Unter Umständen findet man fast ganze Dörfer oder eine bestimmte Gruppe aus einem Dorf in derselben Wohngegend einer

Kettenmigration

Stadt oder im selben Berufszweig wieder. Kettenmigration erleichtert und sichert den Wanderungsprozeß, indem man kurzfristig eine Unterkunft, Essen, vielleicht sogar eine Arbeit vermittelt bekommt. Sie kann den Eingliederungsprozeß und die eventuell notwendige Vielseitigkeit, die in der Fremde gefordert werden, aber auch behindern.

Eine Variante dieses Verhaltens stellt die Bevorzugung kulturell oder sprachlich als verwandt empfundener Zielgebiete dar, wie wir es für Lateinamerikaner in Europa beobachten. Der vermuteten sprachlichen und kulturellen Nähe wegen stehen hier Spanien, Italien und Frankreich vor Deutschland oder England auf der Beliebtheitsskala.

In Spanien ist es für Lateinamerikaner mittlerweile jedoch sehr schwierig geworden einzureisen.

Für die USA rechnet man in Zukunft mit einer weiteren starken Zunahme der Zuwanderung, die im Rahmen bisher geschaffener Netzwerke verläuft. In Europa dagegen sprechen alle Anzeichen für eine stärker individualistisch bestimmte Einwanderung. In Japan sind bisher ähnliche Entwicklungen zu beobachten.

Persönlich empfundene Beziehungen können sich ebenfalls durch die Arbeit in einer Niederlasssung, einer Tochtergesellschaft oder eines einheimischen Subunternehmens eines internationalen Konzerns entwickeln. Im Betrieb werden Arbeitserfahrungen, Kontakte und Kenntnisse über Land und Menschen erworben, die eine Auswanderung ins »bekannte« Land nahelegen. Ähnliche Prozesse ergeben sich aus der Anwesenheit fremder Militärs oder Entwicklungsexperten.[17]

Die Migrantenvereine

So wie der unterschwellige Wunsch nach Rückkehr meist eine Fiktion bleibt, so bilden sich in der Fremde Migrantenklubs und Vereine. Natürlich gibt es immer Leute, die sich aus den unterschiedlichsten Gründen von ihrer Herkunft und ihren Landsleuten distanzieren. Dennoch schließen sich immer und überall viele Menschen in der Fremde über persönliche und soziale Differenzen hinweg zusammen.

In den Vereinen findet man das Vertraute, ein Stück Erinnerung an die Heimat; man kennt dieselben Menschen und Lebensumstände, spricht dieselbe Sprache, singt dieselben Lieder, tanzt gemeinsam, ißt dieselben Speisen, feiert zusammen die alten Feste. Manche beginnen, sich aus der Ferne mit den Schwierigkeiten der Heimatgemeinde zu befassen und die Daheimgebliebenen im Ausbau der Infrastruktur zu unterstützen: eine Straße, Strom, ein Schulgebäude…

Aber auch die Probleme in der Fremde sind gemeinsam einfacher zu bewältigen: Politische Vertretung, Gesetze, Wohnung, Arbeit, Ausbildung, Einsamkeit oder auch die allgemeine Diskriminierung.

Wer denkt bei Migrantenorganisationen nicht an so etablierte Migrantenfeste wie die Steubenparade in den USA oder den lose organisierten Heimatverein, der sich abends in einer Eckkneipe europäischer Großstädte trifft, türkische Vereine mit ihren Teehäusern in den europäischen Anwerbeländern oder peruanische Migrantenvereine in Lima, die sich für ihre Veranstaltungen Sportplätze mieten.

Aus der losen Interessengemeinschaft und dem Treffpunkt können Kulturorganisationen entstehen, die Radioprogramme gestalten, Theater spielen oder große Musikveranstaltungen aufziehen; es können sich eigene wirtschaftliche Verbände entwickeln und politische Vertretungen ganzer Bevölkerungsgruppen, die als MigrantInnen in ihrem neuen Lebensumfeld gemeinsame gesellschaftliche und politische Herausforderungen bewältigen müssen. Ein Beispiel dafür stellt die politische Mitbestimmung dar.

Die Daheimgebliebenen

Alte und jüngere Kinder bleiben häufig zurück, wenn die Abwanderung in erster Linie wirtschaftlich begründet ist. Sind die Auswanderer einigermaßen gefestigt, folgen ihnen oft andere Verwandte, Frauen und Kinder, bis auf dem Lande nur noch die Alten wohnen.
   Solange jedoch durch eine gewisse wirtschaftliche Grundlage Migration eine relative Freiwilligkeit beinhaltet und die soziale und emotionale Bindung an die Familie und die Gemeinde eine große Wertschätzung erfahren, herrscht eher saisonale Wanderarbeit vor. Das Bargeld wird im Haushalt benötigt, um Steuern zu bezahlen und Handwerks- und Industrieprodukte wie Gerätschaften, Stoffe, Geschirr, Schulbücher oder Saatgut sowie Konsumgüter wie Radios und Batterien zu kaufen.

Immer wieder trifft man jedoch auch Menschen, die bewußt in ihrer Heimat bleiben und Wege suchen, dort ihr Leben zu gestalten und ein Auskommen zu finden, da ihnen vieles von Bedeutung ist, was sie in der Fremde – vor allem in den großen Städten – gefährdet sehen:
–   die Beziehung zum Partner und zur Familie
–   die Nähe zur Natur
–   die enge Verknüpfung ihres bodenständigen Kulturlebens mit ihren zwischenmenschlichen Beziehungen und ihrer Arbeit.

»Es gibt kein Benzin«, Cusco 1990.

Manche wollen auch die Arbeits-, Ausbildungs- und Lebensbedingungen vor Ort verbessern.

Andere hörten oder erlebten bereits, daß sich die Arbeitsmöglichkeiten und die Lebenssituation in den Städten zunehmend verschlechtern. So steigt die Zahl derer, die der Abwanderung vorsichtig gegenüberstehen.

Die globale Dimension der Migration

Die Schicksale der Menschen sind heute weltweit miteinander vernetzt. In jeder persönlichen Lebensgeschichte und in jedem einzelnen Wanderungsweg spiegeln sich globale Wertmuster, wirtschaftliche, soziale, politische, ökologische und mentale Einflüsse der europäischen und US-amerikanischen Schaltstellen der Macht.

Der einzelne in weltweiten Zusammenhängen

Ein Bauer kann zwar sagen, daß er seine Kartoffeln, sein Gemüse und sein Fleisch selber produziert, doch schon wenn er Öl, einen neuen Pflug oder Schulhefte für seine Kinder kaufen möchte, wird er Teil des internationalen System der Märkte und der Verteilung von Investitionsvermögen.

Wenn in seinem Land keine Ölraffinerie, kein Stahlwerk und keine Papierfabrik stehen, muß alles zu Weltmarktpreisen importiert werden. Und selbst wenn sein Land all dies hat, ist noch die Frage, ob es einheimischem oder internationalem Kapital gehört und in seinem Land günstiger produziert wird.

Information

Noch komplizierter wird die Angelegenheit, wenn die Teilhabe an nationalen und weltweiten Nachrichten gewünscht wird, wenn gesellschaftliche und soziale Annerkennung mit dem Besitz und Gebrauch sogenannter »moderner« Konsumgüter verknüpft ist und alles »Eigene« so gut wie nichts mehr wert zu sein scheint. Man denke dabei nur an die Folgen des inoffiziellen Ersatzes inflationärer nationaler Währungen durch Dollars, D-Mark oder Francs.

Wer an den Produkten der europäisch-amerikanischen Konsumwelt teilhat, kann den Eindruck gewinnen, daß er ein moderner Mensch ist und nicht »bush«, wie die Afrikaner sagen.

Überall auf der Welt sind diese überdimensionalen Reklametafeln zu entdecken, die für Dosenmilch, gutes kühles Bier, Radios, Fernse-

Düngemittelverkaufsangebot auf dem Markt von Tinta, Dept. Cusco, 1989.

Über die Werbung für Dosenmilchprodukte wurde der Genuß von Frischmilch in der Bevölkerung verpönt.

her und Videorecorder, für Limonade und Cola werben. In Radios und Fernsehern – so man hat – laufen Werbespots für Produkte internationaler Konzerne. Ein großer Teil der Fernsehzeit füllt sich mit »Seifenopern« nach US-amerikanischem Vorbild. Über Videos werden Filme wie »Rambo« oder »Der Exorzist« in allen Sprachen der Welt verbreitet.

Die Lateinamerikaner nennen diesen Prozeß, dem sich niemand entziehen kann, »*Colanisation*« (span.: colanización).

»*Colanisation*«

Gleichzeitig rücken die Menschen durch die laufende Verbesserung der Kommunikationsstrukturen einander immer näher. Satellitenbilder, Telefon und Telefax verbinden das Geschehen in jeder Minute und Sekunde aufs engste. Entfernungen verlieren durch den Ausbau der Verkehrsmittel – insbesondere des Flugzeugs – und den Preiskampf um Marktanteile ihre Bedeutung.

Weltmarkt

Was dem Europäer seinen Urlaub ermöglicht, ermöglicht jemand anderem die Flucht oder Ausreise. Nicht selten kostet diese das gesamte Vermögen einer Familie, die alle ihre Hoffnungen auf diesen *einen* Migranten setzt.

Mobilität und Flucht

In einer Mischung aus Ignoranz und Profitgier der großen Firmen – aber auch durch bedrängte Kleinbauern und Kleinunternehmer – werden Regenwälder abgeholzt, Grundwasserreserven für zweifelhafte Plantagenkulturen verbraucht, verseuchen Pestizide und andere Chemikalien den Ackerboden, hinterlassen Tagebauminen und Ölförderungen eine Mondlandschaft, bedrohen Ozonlöcher jedes Leben auf dem Planeten. Niemand kann sich den Folgen der Beschädigung und Vernichtung des Öko-Systems Erde entziehen.

Umwelt

Solange sich daran nichts ändert, werden die Menschen immer wieder unweigerlich in die Migration getrieben. Ebenso wie soziale

Gewalttätige Auseinandersetzungen – Krieg

29

Ungleichheiten, zwischenmenschliche und kulturelle Vorurteile, Rassismen und Ideologien sowie Prestigedenken und Großmannssucht internationale Kriege und Bürgerkriege gebären. Welches Geschäft ist schon lukrativer als der internationale Waffenhandel, selbst wenn es sich um ausgemustertes »Material« handelt?

Und den Menschen bleibt nichts anderes als die Flucht, die Rettung ihres nackten Lebens, geschweige denn zu sprechen von der Zerstörung ihres Lebenswerkes: des Bauernhofes, des Handwerksbetriebs, des Geschäftes eines Händlers oder Kleinunternehmers, die alle zusammen die Stütze der lokalen Wirtschaft waren.

Krieg und Verfolgung bedeuten Vertreibung der Menschen und Vernichtung der Grundlagen eines menschenwürdigen Lebens. Nach dem letzten Bericht des UN-Hochkommissars waren Ende 1993 allein 18,2 Millionen Menschen auf der Flucht.[18]

Perspektiven

In einer täglich enger vernetzten Welt ist es selbstverständlich, daß Menschen aus existenziellen und beruflichen Gründen, Bildungsinteressen oder auch ganz persönlichen Motiven ihren Heimatort verlassen. So ist nachgewiesen, daß die Migration aus ostasiatischen Ländern nach Japan eng verflochten ist mit Erfahrungen, Kenntnissen und Motiven, die durch die japanischen Niederlassungen in diesen Ländern vor Ort geschaffen wurden.[19] Dasselbe gilt für die Wahl der USA oder bestimmter europäischer Länder aus der Sicht der MigrantInnen.[20]

Organisatorische und berufliche Kooperationen entwickeln sich weltweit und auf allen Ebenen. Wanderungen sind ein kultureller Bestandteil der sozialen Verbände in ihren Bemühungen »sich in der gesellschaftlichen wie materiell determinierten Welt entsprechend ihren Fähigkeiten und Möglichkeiten einzurichten.«[21]

Die meisten Menschen gehen nicht freiwillig. Eine Vielfalt von Umständen hat in ihnen den Entschluß reifen lassen oder sie gezwungen, schweren Herzens in die Fremde zu ziehen. Auch wenn es gelingt, ein neues Leben aufzubauen, lebt die emotionale Bindung an die Heimat weiter – umso mehr, je weiter man kulturell entfernt und menschlich isoliert ist.

Andererseits wiegen die Verlockungen der modernen Konsumwelt und der vermeintlichen Freiheit – und das ist nicht nur ein Problem der Jugend.

Und nicht zu vergessen sind die Versprechen auf Arbeit und Verdienst – wie auch immer – auf dem Weltmarkt für Arbeitskräfte.

So wie die Menschen dazu neigen, sich in der Fremde trotz aller Träume von Rückkehr auf Dauer niederzulassen, so wird das gesell-

Werbetafel von Panasonic in Lima 1991.

schaftliche Leben überall auf der Welt immer multikultureller werden. Gesellschaften, die ihrem Selbstverständnis nach monokulturell sind, werden sich dieser Herausforderung stellen und die Fähigkeit des Zusammenlebens erlernen müssen.

Aus den Erfahrungen von Betroffenen, Beobachtungen und Untersuchungen lassen sich derzeit folgende Forderungen ableiten:

Forderungen:

● Grundlage einer eigenständigen, auf die eigenen Kräfte vertrauenden Lebensbewältigung ist das kulturell verankerte Selbstbewußtsein. Bewußt gemacht, positiv gewertet und gestärkt kann es helfen, die eigene Identität im Wechselspiel zur weitgehend westlich beeinflußten Weltgesellschaft zu finden und zu erhalten.

Kulturelles Selbstbewußtsein

● Der Ausbau des Primarschulwesens und der Berufsbildung ist die Basis einer eigenen, unabhängigen Existenzgrundlage.

Bildung

● Lokale Selbstversorgerstrukturen und Märkte sind zu respektieren und zu unterstützen und die Infrastrukturen zu dezentralisieren, damit Waren und Informationen besser zugänglich werden.

Förderung lokaler Strukturen

● Soziale, wirtschaftliche und kulturelle Ungleichgewichte und Benachteiligungen müssen weltweit abgebaut werden. Dazu gehört

Abbau weltweiter Ungleichheiten

die Demokratisierung und multikulturelle Ausrichtung der internationalen Finanzorganisationen. Die Produktion von Agrar- und Industriewaren ist als ökonomisch gleichwertig einzustufen.

Beendigung der Umweltzerstörungen

● Die ökologische Ausbeutung und Zerstörung der Umwelt muß beendet, ihre Folgen müssen rückgängig gemacht werden, sofern dies noch möglich ist.

Verhinderung von Verfolgung und Krieg

● Die Ursachen von Kriegen und Bürgerkriegen sowie der Verfolgung Andersdenkender und von Minderheitengruppen müssen aufgedeckt und konsequent ausgeräumt werden. Die Verantwortlichen solchen Verhaltens sind international zu ächten.

Aktuelle Forschungsfragen

Bis heute gibt es allerdings viel zu wenige Untersuchungen über:

● die Auswirkungen basis-orientierter Anti- Migrationspolitik[22]

● die kulturellen Einflüsse auf die Migration[23]

● die Bedeutung und die Formen weiblicher Migration[24]

● die Zusammenhänge zwischen den Bewegungen des internationalen Kapitals und den offiziellen Migrationspolitiken[25].

Während sich die Forschungslage über die beiden letzten Themen in den vergangenen zwei Jahren verbesserte, werden kulturelle Fragestellungen sowie basis-orientierte Anti-Migrationsprojekte weiterhin kaum beachtet.[26]

»Was gut ist für Lateinamerika, ist gut für die USA. ... Wir sind immer mehr am Wohlstand und der politischen Stabilität dieser Region interessiert«

(David Mulford, US-amerikanischer Untersekretär, in Le Monde vom 14.04.1992)

Anmerkungen

1   Ravenstein, E.G., The laws of migration. Journal of the Statistical Society, vol. 52, 1889.

2   Daten: Appleyard 1991.

3   ILO 1993.

4   Romeo Rey in KSTA vom 16.07.1993

5   Vgl. Potts 1989.

6   Perez-Itrago/Gundelmann In: Appleyard 1989: 268 - 286.

7   ILO 1993.

8   Hoffmann-Nowotny 1983; Nauck 1988.

9   DeJong/Gardner 1981; Bogue 1977.

10 Handlungstheoretischer Ansatz, Esser 1980; Nauck 1988.

11 Burchards 1984: VIII.

12 Ebd.: VIII.

13 Vgl. Balán 1988: 235.

14 US-amerikanische Bezeichnung für die spanischsprachige Bevölkerung mit Ausnahme der spanischen EinwanderInnen aus Europa.

15 US-Census von 1991.

16 Vgl. Burchards 1984.

17 Vgl. u.a. Sassen 1993.

18 Die Lage der Flüchtlinge in der Welt. UNHCR-Report 1994, Bonn 1994.

19 Vgl. Lim 1993.

20 Vgl. Sassen 1993.

21 Burchards 1984: 6a.

22 Balán 1988: 237.

23 Fauwcett 1989.

24 Boyd 1989.

25 Van Arsdol 1989: 391-400.

26 Vgl. auch Ausführungen zum Forschungsstand im »Report of the International Conference on Population and Development«, Cairo, Egypt, 5.–13. September 1994. ICPD, New York 1995.

Literatur:

Appleyard, Reginald (Ed.)
The Impact of International Migration on Developing Countries. Paris OECD 1989
darin: Perez-Itrago, A. and Guendelman, S., Role Models and Parallal Lives: Mexican Migrant Women Return Home
darin: Van Arsdol, Maurice D., Overview: Sociological and Related Issues

Appleyard, Reginald
Summary Report of the Rapporteurs.
In: International Migration 1991, 29/2: 333 - 339

Arbeitsgruppe 501 (Hg.)
Heute hier - morgen fort. Migration, Rassismus und die (Un)Ordnung des Weltmarktes. Freiburg 1993

Balán, Jorge
International Migration in Latin America: Trends and Consequences.
In: Appleyard, R. and Stahl, C. (eds.), International Migration Today Vol. 1. Trends and Propects. Paris, UNESCO 1988

Bogue, Donald J.
A Migrant's Eye View on the Costs and Benefits of Migration to a Metropolis. In: Brown, A.A. and Neuberger, E. (eds.), Internal Migration. A Comparative Perspective. New York 1977

Boyd, Monica
Family and Personal Networks in International Migration: Recent Development and New Agendas. In: International Migration Review 1989, 23, 3: 638 - 670

Burchards, Eckehard
Die geographische Mobilität der ökologischen und sozio-ökonomischen Disparität Ghanas. Hamburger geographische Studien, Heft 41, Hamburg 1984

Castles, Stephan
The Process of Integration of Migrant Communities. Expert Group Meeting on Population Distribution and Migration, Santa Cruz, Bolivia 1993 (guter allgemeiner weltweiter Überblick über nationale Migrationspolitiken)

Ders. & Miller, Mark J.
The Age of Migration. International Population Movements in the Modern World. London 1993

DeJong, Gordon and Gardner, Robert W.
Migration Decision Making. Multidisciplinary Approaches to Microlevel Studies in Developed and Developing Countries. New York. Oxford. Toronto. Sydney. Paris. Frankfurt 1981

Esser, Hartmut
Aspekte der Wanderungssoziologie. Assimilation und Integration von Wanderern, ethnischen Gruppen und Minderheiten. Eine handlungstheoretische Analyse. Darmstadt. Neuwied 1980

Fawcett, James T.
Networks, Linkages and Migration Systems. In: International Migration Review 1989, 23/3: 671 - 680

International Labor Organisation
(prep. by A.S. Oberai)
Migration and Population Distribution in Developing Countries: Problems and Policies. Expert Group Meeting on Population Distribution and Migration, Santa Cruz, Bolivia 1993

ISOPLAN
Länderkunde Türkei, Einheit M 8.1:2, Saarbrücken

Lim, Lin Lean
Growing Economic Interdependence and its Implications for international Migration. Expert Group Meeting on Population Distribution and Migration, Santa Cruz, Bolivia 1993

Nauck, Bernhard
Sozialstrukturelle und individualistische Migrationstheorien. Elemente eines Theorievergleichs. In. Kölner Zeitschrift für Soziologie und Sozialpsychologie, Jg. 40, 1988: 15 - 39

Potts, Lydia
Frauen auf dem Weltmarkt für Arbeitskraft. In: Gruppe Feministischer Internationalismus (Hg.): Zwischen Staatshaushalt und Haushaltskasse. Frauen in der Weltwirtschaft. Bremen 1989: 66 - 79

Russel, Sharon Stanton
Migration between Developing Countries in the African and Latin American Regions and its likely Future. Expert Group Meeting on Population Distribution and Migration, Santa Cruz, Bolivia 1993

Sassen, Saskia
Why Migration? Thesen gegen herkömmliche Erklärungsmuster. In: Arbeitsgruppe 501 (Hg.): Heute hier - morgen fort. Freiburg 1993: 70 - 78

Skeldon Ronald
Population Mobility in Developing Countries: A Reinterpretation. London. New York 1990

Statistical Abstracts of the United States 1991, Washington 1992

UNHCR
The State of the World's Refugees. New York 1993

»Ich meine, daß jeder, der im Leben weiterkommen möchte, Kommunikationsmittel braucht, um seine Kenntnisse zu erweitern.« (Modesto Callapiña)

Modesto Callapiña in Zarzuela, Cusco 1989.

»Ich ging zum Arbeiten und zum Lernen«

Annette Holzapfel

Mit acht oder neun Jahren kam ich nach Cusco. Zum Arbeiten und zum Lernen. Meine älteren Brüder gingen schon hier zur Schule. Sie waren der Meinung, daß auch ich hier in die Schule gehen sollte, da sie gemerkt hatten, daß die Stadt doch etwas anderes ist. Aus finanziellen Gründe konnten wir jedoch alle die Schule nicht beenden. Meine Eltern hatten nämlich nicht genug Geld. Geld ist enorm wichtig, damit man lernen kann.

Als Kind arbeitete ich in einem Haushalt als Diener. Später führte ich alle möglichen Arbeiten aus, die ich gerade fand. Ich mußte genug verdienen, um mich selbst zu versorgen.

Meine Brüder und ich bewirtschafteten damals auch die Felder meines Vaters in Yaurisqui. Dabei bekamen wir Probleme mit den jungen Leuten im Dorf, die der Meinung waren, daß die Ansässigen[1] die Felder nicht nutzen sollten. Sie sagten, sie seien die einzigen ›rechtmäßig eingetragenen Gemeindemitglieder‹. Seit der Landreform sei es Gesetz, daß nur diejenigen das Land nutzen dürften, die in der Dorfgemeinschaft wohnen.

Gewiß, als Gemeindemitglieder beteiligen sie sich an den Gemeinschaftsarbeiten! Die Felder meines Vaters werden aber von niemandem genutzt, und mein Vater ist zu alt, um sie zu bewirtschaften.

Meine Brüder und ich denken daran, alle zwei bis drei Monate ins Dorf zu fahren. Ein Teil der Ernte wird dann für unsere Eltern bestimmt sein. Den anderen Teil werden wir für uns mit nach Cusco nehmen.

Die Feldarbeit ist mit hohen Kosten verbunden: Man muß Leute für die Aussaat beschäftigen und sie bezahlen. Ebenfalls muß man für ihre Verpflegung und für Getränke sorgen. Rechnet man alles zusammen, so arbeitet man oft mit Verlust.

Die, die im Dorf leben, beschäftigen ihre Bekannten im Ayni.[2] Dennoch sind ihre Ausgaben fast genauso hoch wie die unsrigen. Wir müssen aber außerdem noch unsere Hin- und Rückfahrt bezahlen. Die Gemeindemitglieder denken, daß wir sehr viel Geld haben. Sie sehen nicht, wie hart wir in der Stadt für unseren Lebensunterhalt arbeiten. In der Stadt ist das Leben viel schwerer. Früher kam es zu Zusammenstößen zwischen Ansässigen und Gemeindemitgliedern. Wir seien aufrührerisch, sagten sie.

Wir sind eben ein bißchen wacher und sehen die Fehler, die die gewählten Vertreter dort begehen. Sie wollten uns nicht da haben. Einigen fehlt natürlich Land. Andererseits gibt es aber viele brachliegende Felder, mit denen die Gemeindemitglieder nichts anzufangen wissen. Die Landreform hat ihnen Land übereignet, das vorher zum Gutshof gehörte. Aber die Techniker und die Agraringenieure des Landwirtschaftsministeriums beraten sie nicht so, wie es sein sollte.

Wir Ansässigen hier haben uns organisiert, um den Fortschritt ins Dorf zu bringen. Was glauben Sie, wie die Straßen in Yaurisqui aussehen? Wie nach einem Bombardement! Die einzige Straße, die ins Dorf führt, ist voller Schlaglöcher. Das Transportministerium kümmert sich nicht darum.

Jetzt gibt es zwischen den Gemeindemitgliedern und Ansässigen keine Auseinandersetzungen mehr. Auf intelligente Weise und mit Hilfe unserer Organisation haben wir diese Schwierigkeiten überwunden.

Die Leute kommen immer noch aus Yaurisqui nach Cusco, jetzt wegen der Bildung. Nicht weil es ihnen an Land mangelt, sondern vor allem der Bildung wegen. Die Bildung in den ländlichen Gebieten wird vergessen. Die Lehrer kommen erst Montagmittag und bringen den Kindern nichts bei. Am Donnerstag verschwinden sie schon wieder in die Stadt. Wir haben uns bei der zuständigen Behörde beschwert, aber selbst die wird die Probleme nicht lösen. Denn dort sagt man uns, daß die Lehrer ›wenig verdienen und sich deshalb noch einer anderen Arbeit widmen müssen.‹ In unserer Dorfschule gibt es noch nicht einmal Schulbänke. Wie sollen da die Schüler lernen! Noch schlimmer ist es um das Schreibzeug bestellt.

Mit solchen Beschwerden kommen die Gemeindemitglieder hierher. Und was die Vermittlung von Wissen betrifft, so befindet sich die Schule in einem erbärmlichen Zustand.

Die Leute kommen nicht nur nach Cusco; sie wandern auch nach Arequipa und in die Hauptstadt der Republik, nach Lima, ab. Die, die aus Lima zurückkehren, erzählen, daß es dort viele Fabriken gibt.

In unserem Departement Cusco gibt es zwar kleine Fabriken, aber dort entstehen keine neuen Arbeitsplätze mehr. Wenn jemand Handel betreiben möchte, verdient er hier nicht viel.

Auf dem Land sieht es noch schlimmer aus. Ich meine, es müßte zumindest eine Kleinindustrie geschaffen werden; dann gäbe es Bildungsmöglichkeiten und mehr Lebensqualität.

Das einzige Kommunikationsmittel, über das die Leute in Yaurisqui verfügen, ist das Radio. Es gibt kein Telefon. Ich meine, daß jeder, der im Leben weiterkommen möchte, Kommunikationsmittel braucht, um seine Kenntnisse zu erweitern.

Wir sind 25 bis 30 Personen im ›Sozialverein Yaurisqui‹. Unsere Einrichtung besteht erst seit kurzer Zeit. Wir wissen, daß hier in Cusco ungefähr 400 Yaurisquiner leben. Im nächsten Jahr hoffen wir, 150 bis 200 Mitglieder zu haben. Die Ansässigen wohnen in verschiedenen Wohnsiedlungen: in Zarzuela, La Estrella, Los Cipreses, Barrio de Dios, Camino Blanco, Choccos und Mesa Redonda, eben in allen möglichen Elendsvierteln. Am 1. November wollen wir mit einer Sportveranstaltung Geld für unseren Verein einnehmen. Außerdem gibt es noch eine ›Einheitsfront für die Interessen von Paruro‹, die durch unseren Sozialverein entstanden ist.

Als wir ein Sportfest durchführten, sahen wir dort Menschen aus verschiedenen Distrikten und wir luden sie ein. Sie fanden, wir seien gut organisiert. Deshalb beschlossen wir alle, eine Organisation auf Provinzebene zu schaffen. Warum sollte sich unsere Organisation nicht mit anderen Basisorganisationen zusammenschließen? So schufen wir im Mai oder Juni dieses Jahres die ›Einheitsfront‹. Ihre Ziele sind weiter gesteckt, denn es handelt sich um die neun Distrikte der Provinz Paruro. Unsere Vorhaben sind umfangreicher:

Es gibt eine halbfertige Landstraße: 25 Kilometer fehlen noch bis Santo Tomás.

Wir wollen den Fortschritt für die Provinz. Die Jugendlichen aus der Provinz, die hier an der Universität studieren, interessieren sich nur für ihre Karriere und fürs Geldverdienen. Es gibt sogar Regierungsbeamte, sie sich keine Sorgen um ihre Provinz machen. Unsere Institution fordert die Leute aus unserer Provinz auf, die Aufgaben zu übernehmen, für die sie ausgebildet wurden. Das Volk bezahlt schließlich die Ausbildung durch seine steuerlichen Abgaben. Wir werden also von ihnen verlangen, daß sie ihrem Distrikt und ihrer Provinz zeigen, was sie gelernt haben.

In der Gemeinde schreitet auch der Alkoholismus wie eine Krankheit voran. In allen Distrikten ist das so, im ganzen Land, glaube ich. Der Alkohol verdirbt alle Jugendlichen. Die Jugendlichen ahmen das nach, was sie in den Filmen sehen. Der Mensch ist eben ein Affe, einer, der alles nachmacht. Der Jugendliche hinterfragt nicht alles, was er sieht.

Ich meine, daß die Kultur der entwickelten Länder und unsere Kultur untersucht werden sollten. Zum Beispiel sollte erforscht werden, welchen Sinn die Rockmusik und welchen Sinn der peruanische Huayno[3] hat. Ich als Peruaner und Mensch aus dem Hochland bewerte natürlich das Eigene höher.

Wenn es gute Künstler gibt, gibt es auch gute

Musik. Jeder Mensch sollte seine Musik kultivieren, damit er nicht traurig lebt. Die Jugendlichen ziehen die Rockmusik vor. Das kommt durch die Night Clubs, die unsere Musik nicht verbreiten. Der Film ›Travolta‹ kam hierher. Diese Filme haben hier Zulauf.

Die peruanischen Künstler bekommen keine Unterstützung; deshalb werden keine peruanischen Filme produziert. Wir Mitglieder des ›Sozialvereins Yaurisqui‹ machen uns Sorgen um die yaurisquinische Musik. Seit einigen Monaten bringen wir unsere Musik in ›Radio Welt‹. Der Geschäftsführer stammt aus Paruro. Eine Stunde pro Tag senden wir nur Musik aus Yaurisqui.«

> Der Mann, von dem diese Worte stammen, ist im Baugewerbe beschäftigt. Er konnte, wie er selbst sagte, die Schule nicht beenden.

Anmerkungen

1 Als Ansässige bezeichnen sie die Abwanderer in die Stadt.

2 Die Familien in der traditionellen Andengemeinde stellen für die Feldarbeit einander ihre Arbeitskraft zur Verfügung. Diese institutionalisierte Form des Arbeitskräfteaustausches wird in vielen Hochlandgebieten »Ayni« genannt.

3 Der »Huayno« ist das typischste Lied der Hochlandbevölkerung. Huaynos werden zu den unterschiedlichsten Anlässen immer wieder neu komponiert. Viele Interpreten sind landesweit berühmt.

Staatliches Naturwissenschaftliches Kolleg, Sekundarschule in Cusco.

Fernsehwerbung, gesehen in einer Limeñer Zeitung, 1993.

TV-Produktwerbung, gesehen in einer Limeñer Zeitung, 1993.

Die wichtigsten Wanderungsbewegungen Perú – Welt

Geschichte der Migration in Peru

Klaus Rummenhöller

Schon die andinen Gesellschaften der präkolumbischen Zeit bewirtschafteten unterschiedliche ökologische Zonen. Das am Titicaca-See beheimatete Volk der Lupaqa unterhielt zum Beispiel zahlreiche landwirtschaftliche Kolonien an der Küste und in den tropischen Tälern des östlichen Andenabhanges. Diese Wirtschaftsweise ermöglichte ihnen den Anbau einer Vielfalt von Nutzpflanzen und verbesserte ihre Versorgung mit Lebensmitteln. Die Bauern mußten dadurch sehr mobil sein. Je nach Jahreszeit wanderten Familienmitglieder in höher oder tiefergelegende Gebiete, um dort auf den Feldern zu arbeiten.

Zwischen Küsten-, Anden- und Tieflandbewohnern läßt sich auch archäologisch ein ausgeprägter Tauschhandel belegen.

Inka-Zeit (ca.1200 bis 1532)

Die Inka-Herrscher dehnten ihr Reich nach und nach bis zum heutigen Südkolumbien im Norden und nach Mittelchile im Süden aus. Zur Verwaltung dieses Großreiches forderten sie von ihren Untertanen, ganz oder zeitweise ihre Heimat zu verlassen:

– Die erwachsenen Bauern mußten zeitlich begrenzt Militär- und Arbeitsdienst ableisten (»mita«).

»Mita«: Arbeitsdienst der Inka

– Die »yana« waren Staatsbedienstete, die im gesamten Reich Aufgaben des Zentralstaates übernahmen.

– »Mitmaq« wurden die Zwangsumsiedler genannt, denen auf Geheiß des Inka eine neue Heimat zugewiesen wurde. Sie stammten vor allem aus unterworfenen Völkern und solchen, die zu Aufständen neigten. Sie wurden bevorzugt in Gegenden umgesiedelt, die zum Kernbereich des Inkareiches gehörten.

– Inkatreue Bauern wurden aus dicht besiedelten Gebieten in solche mit fremdem Kulturgut oder in neu besetzte Gegenden verpflanzt.

Ziel dieser großangelegten Migrationspolitik sollte die Bildung eines Nationalstaates sein, mit *einer* Sprache, *einer* Religion, *einer* gemeinsamen Hauptstadt und *einem* Herrscher.

Spanische Kolonialzeit (1532 bis 1821)

Francisco Pizarro und seine etwa 200 Gefolgsleute waren die ersten spanischen Migranten in Peru.

Nachdem das Inkareich zerschlagen worden war, mußten sich die indianischen Dorfgemeinschaften spanischen Lehensherren, »encomenderos«, unterordnen, die meist verdiente Militärs waren. Vielfach wurden die Dörfer zur besseren Kontrolle in zentral geplanten Einheiten, »reducciones«, zusammengefaßt. Die Bauern mußten ihren Lehensherren Tribut und Arbeitsdienste leisten. Die Spanier verpflichteten die Dorfgemeinschaften außerdem zu einer neuen Form der »mita«: Ein Siebtel, später ein Fünftel der erwachsenen Männer leistete abwechselnd ein Jahr lang Zwangsarbeit »im Interesse der Krone«.

Koloniales Lehenssystem: neue »Mita«

Von der »mita« profitierten besonders die spanischen Bergwerksbesitzer, die ein Fünftel ihrer Gewinne an die spanische Krone abgaben. Die Bergwerke von Potosí oder Huancavelica waren berüchtigt für ihre miserablen Arbeitsbedingungen.

Die hohe Todesquote in den Bergwerken zwang die Kolonialverwaltung, aus immer weiter entfernt liegenden Gebieten Zwangsarbeiter zu rekrutieren. Eine freie Migration der indianischen Bauern paßte nicht in das koloniale Unterdrückungssystem und war verboten. Aber es gab »mita«-Flüchtlinge: Bauern, die ihre Dorfgemeinschaften und Felder verließen, um als landlose »forasteros« in entfernten Dörfern unterzutauchen oder bei einem spanischen Gutsbesitzer Schutz zu erbitten, dem sie sich dann unentgeltlich als Landarbeiter verdingen mußten.[1]

»Mita«-Flüchtlinge

Während die spanische Kolonialmacht immense Reichtümer in ihr Heimatland verschiffte, verelendete die indianische Bevölkerung zunehmend. Ihre Zahl nahm immer mehr ab.

Am Vorabend der Conquista lebten nach verschiedenen Schätzungen 3,5 Millionen Menschen im heutigen Peru. Bei der ersten Volkszählung der Eroberer 1571 wurden etwa 1.230.000 »Indios« gezählt. 1796, gegen Ende der Kolonialzeit, betrug ihre Zahl im Vizekönigreich Peru nur noch 608.000.[2]

Verelendung der indianischen Bevölkerung

Die europäische Migration nach Spanisch-Amerika unterlag einer strengen Kontrolle durch die spanische Krone. Die Casa de Contratación in Sevilla, die für die Kontrolle der spanischen Auswanderer zuständig war, führte penibel Buch über jeden, der Spanien verließ, um in die Kolonien zu gehen. Bürokratische Hindernisse erschwerten die Migration auf eigene Faust. Für einige Regionen wie Katalonien, Valencia und Aragón bestand bis ins 18. Jahrhundert ein Auswanderungsverbot.

Europäische Migration

Die große Mehrheit der offiziellen Auswanderer bestand aus Staatsbediensteten, Militärs, Familienangehörigen, Dienern, Kaufleuten und Abgesandten der katholischen Kirche. Es gab auch illegale Migranten, die sich vor allem in Galizien und auf den kanarischen Inseln mit Einverständnis der Kapitäne auf die Schiffe schmuggelten. Ihre Zahl wird auf 25-50% der offiziellen Auswanderer geschätzt.[3]

Insgesamt erreichten die Wanderungsbewegungen vom Mutterland nach Spanisch-Amerika nur bescheidene Ausmaße. Für das gesamte 18. Jahrhundert wird die Zahl aller Migranten auf 52.500 geschätzt. Und nur ein geringer Prozentsatz von ihnen gelangte ins Vizekönigreich Peru.[4]

Die spanischen Migranten ließen sich zum größten Teil in den Städten nieder. In den Kolonien galten harte körperliche und schmutzige Arbeiten als eines Spaniers unwürdig.

Migranten aus anderen europäischen Ländern bekamen allenfalls als Söldner, Missionare und Fachkräfte und nur mit königlichen Verträgen eine Einreisegenehmigung. Ihre Zahl blieb gering.

Sklavenhandel Der Sklavenhandel als Form der Zwangsmigration war ein Kronregal, das über spezielle, zeitlich limitierte Verträge an meist ausländische Privatpersonen oder Handelsgesellschaften verkauft wurde. Ab 1789 löste ihn der Freihandel ab.

Die peruanischen Häfen waren keine Hauptumschlagplätze für afrikanische Sklaven wie z.B. die Antillen. Ihr Anteil an der Bevölkerung von Lima war jedoch bereits zu Beginn des 17. Jahrhunderts beachtlich. 1614 machten sie 39,3% der Einwohner aus (= 10.386 Personen). Um 1630 schätzte die Kolonialverwaltung die Gesamtzahl der Sklaven auf 30.000. Davon arbeiteten die meisten auf den Landgütern der Küste oder in den Städten.[5] Gegen Ende der Kolonialzeit wurden etwa 17.000 Sklaven gezählt[6]. Ein großer Teil der afrikanisch-stämmigen Bevölkerung zählte zu diesem Zeitpunkt nicht mehr zu den Sklaven.

Die Bevölkerung Perus stagnierte gegen Ende des 18. Jahrhunderts. Der Zensus von 1793 ergab eine Gesamtbevölkerungszahl von 1.076.122. Lima als größte Stadt hatte lediglich 52.527 Einwohner, davon waren 45% Mestizen, 32% Spanier, 17% Schwarze und 6% Indios.[7]

Die Republik bis zum Endes des Salpeterkrieges (1821 bis 1883)

Welthandel Nach der Unabhängigkeit machten sich die Landgutbesitzer der fruchtbaren Küstentäler die Expansion des Welthandels und die Zunahme der europäischen Nachfrage nach Rohstoffen zunutze. Frei von den Fesseln der Kolonialmacht produzierten sie Zuckerrohr und Baumwolle für den Weltmarkt.

Etwa 1830 begannen peruanische Konzessionäre mit der Ausbeute der Guano-Vorkommen an der Küste und auf den vorgelagerten Inseln. Guano wurde als hochwertiger Dünger nach Europa exportiert. Er bescherte den Produzenten und dem Staat bis etwa 1875, als sich der preiswertere Salpeter durchsetzte, hohe Gewinne.

Arbeitskräfte-mangel

Das Hauptproblem der Plantagenbesitzer und Guano-Produzenten war der Mangel an Arbeitskräften. Zunächst suchte man das Problem nach alter Kolonialherrenmentalität durch die gesteigerte Einfuhr afrikanischer Sklaven zu lösen. Während der Sklavenhandel im britischen Kolonialreich verboten und weltweit geächtet war, florierte er in den peruanischen Hafenstädten.

Erst 1854 verbot General Ramón Castilla die Sklaverei in Peru. Die schwarze Bevölkerung wanderte weitgehend in die Armutsviertel der Küstenstädte ab. Die Oligarchie suchte nach neuen Wegen der Arbeitskräftebeschaffung.

Einwanderungs-gesetze

1849 verabschiedete der peruanische Kongreß das erste Einwanderungsgesetz. Jeder Vermittler – sofern er zwischen 10 und 40 Jahren alt war – sollte ein Kopfgeld von 30 Pesos pro Einwanderer verdienen. Das Gesetz wurde bald »Chinesen-Gesetz« genannt, da es vor allem auf die Einwanderung chinesischer Arbeiter Anwendung fand.[8]

China galt wegen seiner politischen Lage als günstiges Anwerbeland unter den Menschenhändlern. England hatte die Ausfuhr von Arbeitskräften aus seinen Kolonien wie Indien verboten. Auch in anderen Ländern wie Kuba, Brasilien und den USA florierte zu dieser Zeit der Menschenhandel mit Chinesen.

Anwerbung von Chinesen

Im Süden Chinas, in den Provinzen um die Stadt Kanton, tobten Mitte des 19. Jahrhunderts Aufstände und Bürgerkriege. Warlords beherrschten die Provinzen. Hunderttausende von Hungerflüchtlingen bevölkerten die Küstenstädte. Die staatlichen Autoritäten waren schwach und korrupt.

Chinesische und portugiesische Zwischenhändler warben die »Kulis« meist im portugiesischen Macao an. Ihre Rekrutierungsmethoden waren die von Sklavenhändlern. Jeder Kuli – sie waren meist Analphabeten – mußte vor der Einschiffung einen Arbeitsvertrag unterschreiben, den die portugiesischen Behörden und der peruanische Konsul formal prüften und abstempelten.

Die Schiffe, die die Chinesen nach Callao brachten, hatten den Ruf »schwimmender Höllen«. Die Händler kalkulierten von vornherein einen zwanzigprozentigen Transportverlust ein.

Nicht abgeholte oder überzählige Chinesen wurden nach Ankunft in Callao wie Sklaven versteigert. Die Arbeitsverträge hatten in der

Regel eine achtjährige Laufzeit. Die Kulis erhielten einen relativ geringen Arbeitslohn und arbeiteten zunächst die Anwerbekosten ab. In der Praxis handelte es sich um Sklaven auf Zeit.

Die zweifelhaften Anwerbemethoden, die hohe Sterblichkeitsrate auf See und die miserablen Arbeitsbedingungen veranlaßten die peruanische Regierung, die Einwanderung von Chinesen von 1856 bis 1861 zu unterbrechen. Nach Verabschiedung einiger Erlasse zur Verbesserung ihrer Lage wurde der Menschenhandel wieder in vollem Umfang aufgenommen.

Amerikanischer Bürgerkrieg 1862–1865

Infolge des Bürgerkrieges in den USA (1862-65) boomte in Peru der Baumwollhandel. Die Nachfrage nach Chinesen stieg.

Eisenbahnbau

Gleichzeitig heuerten ausländische Unternehmen massiv Chinesen für den Bau der transandinen Eisenbahnen an.

Anwerbung von Portugiesen

Um 1862 rüsteten peruanische Menschenhändler in Callao Schiffe aus, um auch aus Polynesien und Mikronesien Arbeitskräfte zu holen. Von 1862-64 wurden über 3.000 Eingeborene vor allem von der Osterinsel, den Marquesas-, Tuamotu-, Cook-, Tonga- und Tokelau-Inseln nach Peru verschleppt. Erst Proteste der französischen und britischen Regierung, in deren Einflußzonen die Inseln lagen, veranlaßten die peruanische Regierung zum Verbot dieser Unternehmungen. Etwa 80% der Eingeborenen starben an Krankheiten, einige wenige wurden in ihre Heimat zurückgebracht.[9]

Als 1874 der »Kulihandel« auf Druck der portugiesischen und chinesischen Regierung unterbunden wurde, waren etwa 90.000 Chinesen nach Peru gebracht worden.[10]

Eingliederung der Chinesen in die peruanische Gesellschaft

Um 1880 hatten die meisten Chinesen ihre Arbeitsverpflichtungen erfüllt und waren frei. Sie integrierten sich in die peruanische Gesellschaft der Küstenstädte, wo sich die meisten im Handel und Dienstleistungssektor selbständig machten. Im Zentrum von Lima, in der Nähe des Zentralmarktes, entstand ein chinesisches Viertel.

Da die Chinesen fast ausschließlich Männer waren, heirateten viele von ihnen Mestizo-Frauen aus der Unterschicht. Schon vorher hatten die meisten von ihrem Patron einen christlichen Vornamen erhalten und waren – wie auch immer – zum christlichen Glauben übergetreten. Viele stiegen bald zu wohlhabenden Händlern auf und ließen Familienangehörige und Frauen aus China nachkommen.

Das andine Hochland

Im andinen Hochland änderte sich nach der Unabhängigkeit kaum etwas. Es gab keine Abwanderung von Bauern oder Landarbeitern an die Küste oder in die Städte.

Das System des Großgrundbesitzes

Bereits im 18. Jahrhundert war aus dem »encomienda«-System eine Agrarwirtschaft entstanden, in der die »hacendados«, die Gutsbesitzer, die neuen Herren wurden. Sie gaben sich nicht mit der Ausbeutung der indianischen Dorfgemeinschaften durch Tribut und Arbeitsleistungen zufrieden. Sie wollten möglichst viel Land besitzen. Da Land ohne Arbeitskräfte aber wertlos war, mußten möglichst viele Bauern als Pächter oder Landarbeiter in das Hacienda-System eingebunden werden.

Die »hacendados« wachten eifersüchtig darüber, daß sich »ihre« Arbeitskräfte nicht aus ihren Fängen befreien konnten.

Kein Grund zur Abwanderung

Die freien andinen Bauern sahen (noch) keinen Grund, ohne Not an die Küste abzuwandern, um unter Sklavenhalter-Bedingungen zu arbeiten. Auch erinnerten sie sich noch gut an die »mita«, die erst 1812 abgeschafft wurde.

Europäische Einwanderung nach Peru

Die Migration von Europäern nach Peru setzte in größerem Umfang erst um 1850 ein. Im Gegensatz zu Brasilien, Argentinien oder Chile gab es in Peru keine Masseneinwanderungen.

Der wichtigste Grund lag in den aus der Kolonialzeit übernommenen Grundbesitz- und Arbeitsverhältnissen. Die europäischen Migranten eigneten sich nicht für sklavenähnliche Verträge und Frondienste, die für den peruanischen Arbeitsmarkt dieser Zeit typisch waren. Außerdem brachten sie als »Weiße« einen Rassenbonus mit. In einer noch vom kolonialen Kastendenken dominierten Gesellschaft war es unannehmbar, daß Europäer auf der gleichen Stufe mit Afrikanern, Indianern oder Chinesen arbeiteten. Zu einem Skandal kam es 1852, als deutsche Auswanderer aus Schleswig-Holstein, unter denen sich Bauern, Zimmerleute, Schmiede und Bergleute befanden, nach dem »Chinesen-Gesetz« auf den Plantagen arbeiten mußten. Nach öffentlichen und diplomatischen Protesten kamen die Deutschen jedoch bald wieder frei.[11]

Weder in den Küstentälern noch im andinen Hochland stand in größerem Umfang Land für europäische Bauern zur Verfügung. Die Latifundienbesitzer ließen Teile ihres Grundbesitzes lieber brach liegen, als sie zum Verkauf anzubieten. Die Pachtverträge beinhalteten Frondienste und andere wirtschaftliche Fesseln, die für den Europäer unannehmbar waren. Auch die indianischen Dorfgemeinschaften gaben freiwillig kein Land ab.

Die peruanische Regierung förderte daher nur die Besiedlung von Urwaldtälern der östlichen Andenabhänge, die in das Staatsgebiet wirtschaftlich eingegliedert werden sollten.

Die dort lebenden Tieflandvölker galten als »Wilde« und hatten keine Landrechte.

Die »deutsche« Kolonie Pozuzo

1855 schloß die Regierung mit Damian Freiherr von Schuetz-Holzhausen einen Vertrag zum Zweck der Gründung einer deutschen Kolonie in Pozuzo im Stromgebiet des Pachitea.

Die Regierung versprach den Migranten Land, Zahlung der Überfahrt und Unterhaltsleistungen bis zur ersten Ernte. Ursprünglich reisten 300 Personen aus dem Rhein- und Moselgebiet sowie Tirol ein, aber nur 170 erreichten Pozuzo im Jahr 1859. Allein für den Bau eines Maultierweges von Cerro de Pasco nach Pozuzo hatten die Siedler zwei Jahre gebraucht. 1869 kam eine zweite Gruppe von 200 deutschen Siedlern dazu. 1890 wurde in einem Nachbartal die Tochterkolonie Oxapampa gegründet.[12]

Das Schicksal der Pozuzo-Deutschen wirkte auf die europäischen Auswanderer wenig attraktiv. Die meisten kamen in der Hoffnung auf Verbesserung ihrer wirtschaftlichen Situation nach Peru. Sie wollten nicht als Kleinbauern in abgelegenen Urwaldtälern enden. Italiener, Deutsche, Spanier, Engländer und Iren zog es daher in die Städte. In Zeiten des Ausbaus des Eisenbahnnetzes, des wachsenden Städtebaus, der Gründung von Banken und Versicherungen, eines wachsenden Außenhandels und ausländischer Kapitalinvestitionen gab es für eingewanderte Facharbeiter, Handwerker, Ingenieure und Kaufleute vielfältige Arbeitsmöglichkeiten.

Europäische Einwanderer in den Städten

1883 bis 1940

Der Krieg mit Chile

Nachdem Peru durch den Krieg mit Chile (1879-83) ökonomisch geschwächt war, begannen ausländische Unternehmen, in die Plantagen an der Nordküste und in Bergwerke zu investieren. Sie reagierten damit auf die neuen Anforderungen des europäischen und immer stärker werdenden nordamerikanischen Marktes.

Die britische Peruvian Corporation sicherte sich die Kontrolle des Eisenbahnnetzes, indem sie es pfändete und weiter ausbaute. Die Häfen und das Kommunikationswesen wurden von ausländischen Unternehmen modernisiert.

Übernahme peruanischer Unternehmen durch Ausländer

An der Nordküste kauften Einwandererfamilien wie Gildemeister (Deutsche), Larco (Italiener) und Grace (Engländer) unter Beteiligung ausländischer Unternehmen in großem Stil Zucker- und Baumwollplantagen der abgewirtschafteten Provinzaristokraten auf und machten daraus agro-industrielle Unternehmen. Innerhalb von zwei Jahrzehnten besaßen sie riesige Ländereien. Viele alteingesessene, an den Rand gedrängte oder besitzlos gewordene Gutsfamilien, zogen in die Provinzhauptstädte oder weiter nach Lima.

Arbeitskräftemangel an der Küste

Die neuen Latifundienbesitzer suchten sich ihre Arbeitskräfte nicht mehr in China, sondern im andinen Hinterland. Sie bedienten sich dabei des »enganche«-Systems.

Das Enganche-System

Sie beauftragten einen »enganchador«, zu den Erntezeiten eine bestimmte Anzahl von Arbeitskräften bereitzustellen. Der »enganchador« besuchte die andinen Dörfer und bot den Bauern nach reichlich Alkohol einen sofort auszuzahlenden Vorschuß an, wenn sie einen (meist) dreimonatigen Arbeitsvertrag auf den Plantagen unterzeichneten.

Einmal auf der Plantage mußten die Bauern nicht nur ihren Vorschuß, sondern auch ihre Reisekosten, die Kommissionskosten, ihr tägliches Essen und ihre Einkäufe im Laden des »enganchador« abarbeiten. In der Regel sah der Bauer außer dem Vorschuß kein Geld mehr und blieb in einer Schuldknechtschaft, solange er gebraucht wurde.

Für die Unternehmen waren die Bauern nur Leiharbeiter, zu denen keine vertraglichen Beziehungen bestanden.

Das »enganche«-System setzte gegen Ende des letzten Jahrhunderts den ersten bedeutenden Migrationsstrom vom nördlichen Andenraum an die Küste in Bewegung.

Beginn der Abwanderung aus dem Hochland

Die Gründe, die den Bauern die Abwanderung nahelegten, waren vielfältig:
– Viele Dorfgemeinschaften waren durch den Verlust ihres besten Landes an die »hacendados« verarmt.
– Die Bevölkerung nahm ständig zu.
– Die traditionelle Erbteilung, durch die jeder verheiratete Sohn eine Parzelle Land erhielt, ließ die landwirtschaftlich nutzbare Flächen von Generation zu Generation knapper werden.
– Der Ausbau der Verkehrsverbindungen wie Eisenbahnen und Straßen erleichterte die Mobilität der Bauern.

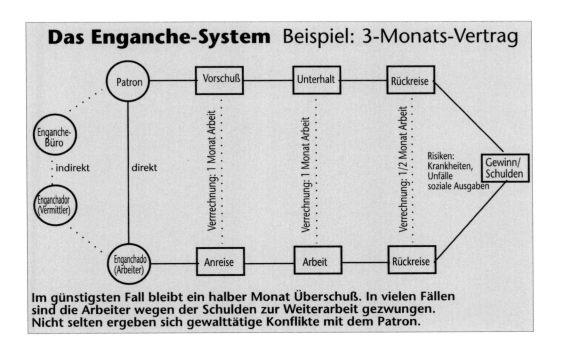

Das Enganche-System Beispiel: 3-Monats-Vertrag

Patron — Vorschuß — Unterhalt — Rückreise

Enganche-Büro

indirekt — direkt

Enganchador (Vermittler)

Verrechnung: 1 Monat Arbeit — Verrechnung: 1 Monat Arbeit — Verrechnung: 1/2 Monat Arbeit

Risiken: Krankheiten, Unfälle, soziale Ausgaben — Gewinn/Schulden

Enganchado (Arbeiter) — Anreise — Arbeit — Rückreise

Im günstigsten Fall bleibt ein halber Monat Überschuß. In vielen Fällen sind die Arbeiter wegen der Schulden zur Weiterarbeit gezwungen. Nicht selten ergeben sich gewalttätige Konflikte mit dem Patron.

Mit der Zeit ließen sich die MigrantInnen, die zuvor nur zur Erntesaison gekommen waren, in Armensiedlungen an den Rändern der Latifundien nieder und bildeten ein ländliches Proletariat. Seit 1910 kämpften sie mit Streiks und Aufständen für eine Verbesserung ihrer Lage.

Anwerbung durch die Minengesellschaften

Auch ausländische Bergbauunternehmen wie die Cerro de Pasco-Corporation (seit 1902) bedienten sich anfangs des »enganche«-Systems, um die andinen Bauern des Mantaro-Tals zur saisonalen Abwanderung in die Bergbau-Enklaven zu bewegen. Auch hier bildete sich mit den Jahren ein Proletariat. Das »enganche«-System wurde überflüssig.[13]

Für viele Abwanderer war das Bergwerk jedoch nur eine Zwischenstation. Lastwagenfahrer, Mechaniker und andere angelernte Arbeiter merkten bald, daß für sie in der Stadt viel bessere Arbeitsmöglichkeiten bestanden.

Ausbau der Eisenbahnlinien

Die Verlängerung der Eisenbahnlinie Lima-La Oroya bis nach Huancayo (1908) machte aus dem Mantaro-Tal ein in wenigen Stunden erreichbares Hinterland der Hauptstadt. Die Marktwirtschaft verbreitete sich über Zwischenhändler auch in abgelegenen Dörfern. Die Kommunikationskanäle der Bauern mit der städtischen Außenwelt vervielfältigten sich. Die Entwicklung der Handels- und Informationsströme veränderte die alten Sozialstrukturen. Die Abwanderung nach Lima bot den Bauern – neben der Arbeit in den Bergbauzentren – eine konkrete Alternative, um der wenig produktiven Schollenwirtschaft oder den Zwängen des »hacendado«-Systems zu entkommen und ihre Lebenssituation zu verbessern. Von 1900 bis 1930 wuchs die Bevölkerung von Lima und Callao von 165.000 auf 373.000. Doch auch die Gesamtbevölkerung Perus verzeichnete ein kräftiges Wachstum (1876: etwa 1,1 Mio.; 1931: etwa 5,4 Mio.).

Industrialisierung

Der Exportboom stimulierte Handel und Dienstleistungsgewerbe. Es entstand eine verarbeitende Industrie, zum Beispiel Textil- und Schuhfabriken sowie Brauereien. Die Regierung Leguía (1919-30) trieb unter massiver Kreditaufnahme im Ausland den städtischen Ausbau des Großraumes Lima – Callao voran. Es entstanden neue Stadtviertel der Mittel- und Oberschicht, die durch breite Alleen mit dem Zentrum verbunden wurden. Es bildeten sich die ersten Massenelendsviertel der MigrantInnen durch illegale Landnahmen.

Weltwirtschaftskrise 1929/30

Durch die Weltwirtschaftkrise 1929-30 entfielen die Exportmärkte in Europa und den USA. Zum ersten Mal wurden die MigrantInnen der Küstenplantagen, der Bergwerke und Städte mit dem Problem der Massenarbeitslosigkeit konfrontiert. Bergarbeiterstreiks und der APRA-Aufstand in Trujillo (1932) richteten sich gegen die Macht der ausländischen Unternehmen. Erst 1934 ging es mit der peruanischen Wirtschaft wieder aufwärts.

Als in der Zeit von 1880 bis 1915 der Kautschukhandel boomte, erfaßte weitgehend unabhängig vom übrigen Peru eine Migrationswelle das Amazonastiefland. Migrationspol wurde die Stadt Iquitos am Amazonasfluß, in der etwa 10.000 MigrantInnen aus Kolumbien, Brasilien, Ecuador, Portugal, Spanien, England, Italien und vielen anderen Ländern eine kosmopolitische Bevölkerung bildeten.

Erschließung des Amazonastieflandes

Von 1899 bis 1941 kamen etwa 29.000 japanische Armutsmigranten nach Peru. Ein großer Teil von ihnen stammte von der Insel Okinawa (»Ryukyuans«). Anfangs arbeiteten einige als Arbeitskräfte auf den Küstenplantagen. Etwa 800 wurden 1908-10 von einem nordamerikanischen Kautschukunternehmen im tropischen Regenwald von Madre de Dios angesiedelt. Für einige tausend Japaner war Peru nur Zwischenstation auf dem Weg nach Bolivien und Brasilien.

Japanische Einwanderung

Die meisten ließen sich allerdings in Lima und Callao nieder, wo sie sich in qualifizierten Berufen einen Namen machten.

1914 lebten in Peru offiziell (ohne Amazonasgebiet) etwa 13.000 Italiener, 13.000 Spanier, 2.000 Briten. 1.500 Deutsche und 1.200 Franzosen.[14] Viele Nachkommen europäischer Einwanderer ließen sich jedoch in der zweiten Generation nicht mehr als Ausländer registrieren. Die deutschen Einwanderer engagierten sich vorwiegend in Handel und Industrie.

Einwanderer in Zahlen 1914

Nach dem ersten Weltkrieg wanderten verstärkt europäische Kriegs- und politische Flüchtlinge ein, zum Beispiel Russen und Deutsche, unter den letzteren 500 Juden. Unter den deutschen Flüchtlingen befanden sich zahlreiche Akademiker.

1940 bis 1968

1940 wohnten 17% der peruanischen Bevölkerung in Städten von über 10.000 Einwohnern. 1961 waren es bereits 32%. Die Einwohnerzahl von Lima verdreifachte sich in diesem Zeitraum. Die Migration in die Städte erfaßte lawinenartig das gesamte Land.

Verstädterung der Bevölkerung

Die massive Zunahme der Binnenwanderungen war eng verbunden mit der wirtschaftlichen und politischen Entwicklung Perus. Die Agrarproduktion der Küstenlatifundien, die das Rückgrat der Exportwirtschaft bildeten, wurden seit Ende der vierziger Jahre zunehmend vom Bergbau und der verarbeitenden Industrie in den Hintergrund gedrängt. Mitte der sechziger Jahre brachte die Baumwoll- und Zuckerproduktion kaum 15% der Exporterlöse. Die Menschen, die auf den großen Ländereien gearbeitet hatten, wanderten in die Städte ab.

Abnahme der Agrarproduktion

Die Verstädterung und die Zunahme des privaten Konsums ließen die Fertiggüterproduktion anwachsen. Auch aus Bergbau und

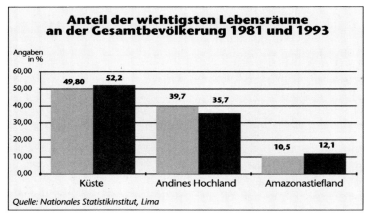

Anteil der wichtigsten Lebensräume an der Gesamtbevölkerung 1981 und 1993

Angaben in %

	Küste	Andines Hochland	Amazonastiefland
1981	49,80	39,7	10,5
1993	52,2	35,7	12,1

Quelle: Nationales Statistikinstitut, Lima

Fischfang entwickelten sich neue Industriezweige. Die Zahl der Fabrikarbeiter nahm ständig zu.

1961 konzentrierte sich bereits 54% des Bruttoinlandsproduktes auf den Großraum Lima-Callao. Das Einkommensniveau lag hier deutlich über dem des restlichen Landes.

Die Binnenwanderungen wurden durch ein großangelegtes Straßenbauprogrammm in den vierziger und fünfziger Jahren erleichtert, das die gesamte Küste (Panamericana), Teile der Anden (Carretera Central) und einige Tieflandstädte verband. Busgesellschaften und Sammeltaxis (colectivos) verkehrten bald zwischen Lima und fast allen Provinzen. Lastwagenbesitzer boten auf allen befahrbaren Strecken ihre Dienste an.

Verstädterungspolitik unter Odría und Prado

Die Diktatoren Odría (1948-56) und Prado (1956-62) richteten ihre Politik im wachsenden Maße auf die Bedürfnisse der städtischen Bevölkerung aus. Staatliche Investitionen wurden bevorzugt in den Ausbau der Infrastruktur und den Wohnungsbau in Lima-Callao gelenkt. Die enorme Ausdehnung der staatlichen Bürokratie schuf neue städtische Arbeitsplätze.

Zunahme der Migration

Durch den Aufbau der Fischmehlindustrie in den Jahren 1950-60 entstanden neue Migrationsziele an der Küste. Der Fischerort Chimbote wuchs von 5.000 Einwohnern 1950 auf über 100.000 Einwohner Mitte der sechziger Jahre.

Industrialisierung und Ausdehnung des Handels hatten auch die Bevölkerungszunahme anderer Provinzstädte zur Folge: Arequipa wurde zu einem Migrationspol der südandinen Bauern und wuchs von 1961 bis 1972 jährlich um 4,9%, Trujillo im Norden um 6,2%.

Bedeutsam waren ab Ende der vierziger Jahre zwei Migrationsbewegungen in das tropische Tiefland. In der zu Cusco gehörenden Provinz La Convención boomte der exportorientierte Kaffee- und Kakao-Anbau. Von 1940 bis 1961 wuchs die Provinzbevölkerung um 123%.

Der Ort Pucallpa am Ucayali-Fluß entwickelte sich als Endpunkt der transandinen Straße zu einem wichtigen Handelzentrum für Edelholz, Viehzucht und tropische Agrarprodukte. Seine Einwohnerzahl wuchs von 800 (1942) auf 67.000 (1972).

Mit der beschleunigten Industrialisierung und Verstädterung ging ein rapider Verfall der andinen Landwirtschaft einher. Die engen

Beziehungen der Bauern zu ihren Familienangehörigen in den Städten bewirkten eine zunehmende Politisierung. Landbesetzungen nahmen zu. Die Bauern forderten nicht nur eine Agrarreform, sondern auch Zugang zum staatlichen Schul- und Gesundheitssystem.

Die andinen Haziendabesitzer hatten in den wenigsten Fällen in die Modernisierung ihrer Produktion investiert. So machte die Ausbreitung der kapitalistischen Marktwirtschaft aus den meisten Haziendas unrentable Überbleibsel aus kolonialer Zeit.

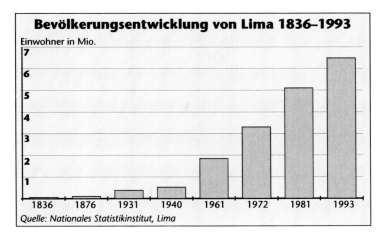

Bevölkerungsentwicklung von Lima 1836–1993

Einwohner in Mio.

Quelle: Nationales Statistikinstitut, Lima

Die andinen Provinzeliten schickten bereits seit den vierziger Jahren, ihre Kinder zur Ausbildung nach Lima. Sie kauften Immobililien und schufen sich einen zweiten Familiensitz in der Stadt. Die »hacienda« überließen sie meist einem Verwalter.

1968 bis 1993

Der Militärputsch reformistischer Militärs unter General Velasco Alvarado (1968) veränderte das Land nachhaltig. Seine Regierung (1968-1975) führte eine tiefgreifende Agrarreform durch und enteignete die ausländischen Großunternehmen. Die Agrarreform beseitigte das »hacienda«-System und die Küstenlatifundien. Viele große Güter wurden von den früheren Arbeitern und Pächtern als Kooperativen weitergeführt. Insgesamt erhielten durch die Landverteilungen 337.662 Bauernfamilien Land.[15]

1968: Agrarreform unter General Velasco Alvarado

Die Agrarreform verfehlte jedoch das Ziel, die Migration vom Land in die Städte zu verringern. Die Produktivität der andinen Landwirtschaft blieb weiterhin gering. Die Parzellierung der »haciendas« schuf viele neue Minifundienbesitzer. Die meisten Kooperativen entwickelten sich trotz staatlicher Hilfen zu unrentablen Unternehmen. Die Niedrigpreispolitik der Regierung für Nahrungsmittel begünstigte die städtische Bevölkerung und verringerte gleichzeitig die Einkommensmöglichkeiten der Bauern.

Die nationale Industrie, die durch die Verstaatlichungen entstand, wurde von der Militärregierung weiter ausgebaut und durch hohe Importzölle geschützt. Das ausländische Kapital investierte nicht mehr in nennenswertem Umfang in Peru. Das gleiche galt für das

Verstaatlichung und ihre Folgen

peruanische Kapital, das statt dessen in großem Maße ins Ausland, vor allem in die USA abfloß.

Die massive Ausdehnung der Staatskontrolle über fast alle Sektoren der Wirtschaft (Bergbau, Schwerindustrie, Fischverarbeitung, Telekommunikation, Elektrizität, Fluggesellschaften, etc.) sowie der Ausbau des staatlichen Schul- und Gesundheitswesens führte zu einem enormen Anwachsen der Zahl der Staatsangestellten. Die ländlichen MigrantInnen profitierten davon erheblich.

Seit 1972 bereitete die Finanzierung des ausufernden Staatsapparates der Regierung immer mehr Schwierigkeiten, da die Exporterlöse fielen. Die Regierung nahm in zunehmendem Maße Schulden im Ausland auf.

Militärregierung Bermúdez

Die Militärregierung Morales Bermúdez (1975-1980) verfolgte eine orthodoxe Stabilitätspolitik, die sich in Kürzungen der Staatsausgaben (mit Ausnahme des Militärbudgets), Preiserhöhungen und Abwertung der Währung äußerte. Die Industrieproduktion, die Einkommen und das Konsumniveau sanken, die Wirtschaftstätigkeit insgesamt ging zurück.

Das jährliche Bevölkerungswachstum des Großraums Lima-Callao verlangsamte sich von 1972 bis 1981 gegenüber dem Zeitraum 1940-1971 von 5,3% auf 3,8%. Die Bevölkerungszunahme der großen Provinzstädte Arequipa, Truillo, Chimbote, Chiclayo und Ica fiel auf etwa 3,5%.

Der zweiten Regierung Belaúnde (1980-1985) gelang es nicht, die Wirtschaftskrise in den Griff zu bekommen. Die Inflation wuchs von 60% 1980 auf 158% 1985. Für den Schuldendienst mußten 1984 bereits 56,5% der Exporterlöse aufgewendet werden.

Regierung García

Die Regierung Alán García (1985-90) führte strenge Importbeschränkungen für Konsumgüter ein. Einkommenserhöhungen sowie niedrige Benzin- und Grundnahrungsmittelpreise sollten den internen Konsum ankurbeln. Ein System staatlicher Devisenbewirtschaftung verbilligte die Einfuhr von Ausrüstungsgütern für Industrie und Landwirtschaft, machte aber den Export traditioneller Produkte wie Mineralien unrentabel. Das System ließ den Devisenschwarzmarkt aufblühen.

Von 1985 bis 1987 zeigte die Politik Erfolg. Die Wirtschaft boomte, die Inflation ging auf 60% zurück, die Reallöhne stiegen. Die staatliche Bürokratie wurde drastisch auf über 500.000 Angestellte aufgestockt und ein großangelegtes Arbeitsbeschaffungsprogramm eingeleitet.

Verfall der Landwirtschaft 1987

Gegen Ende 1987 setzte der wirtschaftliche Verfall in bis dahin nicht gekanntem Ausmaß ein. Die Regierung verfügte nicht mehr über genügend Devisenreserven. Die Kreditaufnahme im Ausland war durch Sanktionen internationaler Finanzinstitutionen blockiert.

Durch das Drucken von Geldscheinen versuchte die Regierung, die Staatsausgaben zu decken, riß das Land damit aber in einen Inflationsstrudel. Die Realeinkommen sanken 1990 auf etwa 50% des Wertes von 1985. Das Bruttoinlandsprodukt lag 1990 bei 90% des Standes von 1980. Im Industrie-, Handels- und Dienstleistungssektor kam es zu massiven Entlassungen. Mit zunehmender Krise breitete sich ein Verfall staatlicher Institutionen und Autorität aus.

Der Terrorismus zweier konkurrierender Untergrundorganisationen (Sendero Luminoso und MRTA) hatte ebenfalls erhebliche Auswirkungen auf Wirtschaft und Gesellschaft. Von 1980 bis 1989 wurden durch Attentate Anlagevermögen im Wert von fast 12 Milliarden Dollar zerstört. Mehr als 20.000 Menschen kamen durch Terror und Gegenterror um. Der Terrorismus und die Säuberungsaktionen der Militärs trieben zahlreiche Menschen aus den betroffenen Gebieten in die Flucht mit Endstation Lima.

Guerillabewegungen und ihre Folgen

In den achtziger Jahren verstärkten sich die Migrationsbewegungen in das Amazonastiefland, wo sich – regional begrenzt – bessere Arbeits- und Verdienstmöglichkeiten als in den Küstenstädten boten. Pucallpa, Iquitos und Puerto Maldonado steigerten als Handels- und Dienstleistungsstädte ihre Einwohnerzahlen.

Abwanderung ins Amazonastiefland

Der Goldboom in Madre de Dios lockte jährlich über 30.000 saisonale Abwanderer in die Goldwäschergebiete. Im Huallaga-Tal, das als das peruanische Hauptanbaugebiet für Koka gilt, lebten 1991 etwa 290.000 Menschen, die zum überwiegenden Teil von den illegalen Dollarströmen (geschätzte 500 Millionen US-$ jährlich) aus dem Kokainhandel profitierten.

Goldboom der 80er Jahre

Die Regierung Fujimori betreibt seit 1990 einen neoliberalen Wirtschaftskurs. Der Devisenmarkt wurde liberalisiert, die Wirtschaft radikal gegenüber dem Weltmarkt geöffnet, die Zahl der Staatsangestellten drastisch reduziert. Staatsbetriebe wurden privatisiert, Zoll- und Steuerverwaltung effizienter ausgebaut, Sozialausgaben beschnitten. Die jährliche Inflationsrate sank bis 1993 auf etwa 50%.

Regierung Fujimori

Neoliberaler Wirtschaftskurs

Kapital und Kredite aus dem Ausland kommen seitdem wieder ins Land. Doch mehr Menschen denn je zuvor leben in Peru in Armut. Formelle Arbeitsplätze sind seit Jahren Mangelware. Als Folge hat sich der informelle Sektor, vor allem der Straßenhandel, drastisch ausgeweitet.

Stabilisierung der Wirtschaft

1990 schätzte die Stadtverwaltung von Lima die Zahl der Straßenhändler auf über 350.000. Die Überlebensmöglichkeiten der Migranten in Lima-Callao verschlechterten sich. Der Zugang zu Wohnraum in den peripheren Elendsvierteln und einem Minimum an Infrastruktur wird immer schwieriger.

Verarmung der Bevölkerung

In den Jahren 1981 bis 1993 wuchs Lima-Callao um fast 45% auf knapp 6,4 Millionen Einwohner. Die jährliche Zuwachsrate sank

Weitere Verstädterung

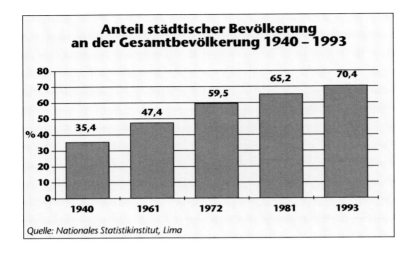

Anteil städtischer Bevölkerung an der Gesamtbevölkerung 1940 – 1993

Jahr	%
1940	35,4
1961	47,4
1972	59,5
1981	65,2
1993	70,4

Quelle: Nationales Statistikinstitut, Lima

jedoch unter 3%. Als Zentrum der Krise verliert Lima-Callao an Anziehungskraft.

Etwa 29 Prozent der gesamten Bevölkerung Perus lebte 1993 in Lima-Callao. Der städtische Bevölkerungsanteil stieg im ganzen Land auf über 70 Prozent. Die größten Städte nach Lima waren 1993: Arequipa (620.000 Einwohner), Trujillo (508.000), Chiclayo (410.000), Chimbote (265.000), Cusco (257.000) und Huancayo (256.000).

Auswanderung

Die peruanische Oberschicht schickte schon im 19. Jahrhundert ihre Kinder zum Studium nach Europa. Künstler und Schriftsteller mußten in vielen Fällen erst nach Europa auswandern, um auch in der Heimat Anerkennung zu finden. Als Beispiel dafür kann César Vallejo (1892–1938) gelten, der bedeutendste Dichter Perus. Sein Werk fand nicht zuletzt wegen seiner Herkunft aus einem andinen Dorf in seinem Heimatland keine Beachtung. Er wanderte nach Paris aus, wo seine Werke schließlich berühmt wurden.

Von einer ernstzunehmenden Auswanderungwelle konnte bis etwa 1960 keine Rede sein.

»Amerikanisierung« in den 50er Jahren

Ab den fünfziger Jahren wurden auch in Peru Kultur- und Konsummuster aus den USA populär. Die Mittel- und Oberschicht orientierte sich am »american way of life«. Wohlhabende Peruaner ließen sich vor allem in der aufstrebenden Metropole Miami nieder. Neben Geschäftsleuten begannen in den sechziger Jahren zunehmend Akademiker mit medizinischer, technischer oder naturwissenschaftlicher Ausbildung, in die USA auszuwandern. Ende der sechziger Jahre entwickelten sich auch Venezuela – infolge des Erdölbooms –, Brasilien und Argentinien zu bevorzugten Migrationszielen.

Akademiker-abwanderung aus Mittel- und Oberschicht

Die Akademiker-Auswanderung war eine Folge der Ausweitung der Schul- und Universitätskapazitäten, die in den fünfziger Jahren einsetzte. Mehr und mehr Fachkräfte strömten auf den peruanischen

Arbeitsmarkt, fanden aber nur begrenzt Arbeit und wurden dann meist schlecht bezahlt.

Die peruanische Industrie ist bis heute wenig innovativ und kaum forschungsorientiert ausgerichtet. So ist sie nicht in der Lage, qualifizierten Fachkräften eine angemessene Beschäftigung zu bieten.

Eine Reihe wohlhabender Peruaner verließ nach dem Militärputsch von 1968 aus Angst vor Enteignung und Sozialismus das Land.

Mit ihrem Geld oder Fachwissen gelang den meisten peruanischen MigrantInnen der sechziger und siebziger Jahre ein schneller wirtschaftlicher und sozialer Aufstieg in den Aufnahmeländern. Eine große Zahl von Auswanderern nahm die US-Staatsbürgerschaft an. Im Laufe der Jahre ließen sie legal Familienangehörige nachkommen.

Seit etwa der zweiten Hälfte der siebziger Jahre veränderte sich die Sozialstruktur der Auslandsabwanderer. Immer mehr Jugendliche, die aus den Elendsvierteln stammen und deren Eltern aus den Andenregionen zugewandert sind, sahen in Peru keine Chancen auf Verbesserung ihrer Lebensbedingungen. Sie reisten mit einem Touristenvisum in die USA und suchten dort als Illegale einen sozialen Aufstieg von unten.

Eine Sonderstellung nehmen quechuasprachige Schafhirten aus den zentralen Anden ein, die seit 1971 und in größerer Zahl von 1975 bis 1985 im Auftrag der Western Ranch Association in Peru angeworben wurden, um den Mangel an Arbeitskräften bei den amerikanischen Viehzüchtern auszugleichen.[16]

Nach den USA und Kanada bevorzugten die peruanischen Auswanderer europäische Länder wie Spanien und Italien.

Die restriktive US-Einwanderungspolitik machte es für mittellose Peruaner immer schwieriger, legal in die USA einzureisen. Seit den achtziger Jahren bieten daher Schlepperbanden ihre Dienste an. Sie bringen die Auswanderer gegen Zahlung von mehreren tausend Dollar via Mexiko über die Grenze in die USA. Eine nachträgliche Legalisierung des Lebens in den USA oder Kanada ist allerdings schwierig.

Die Zuspitzung der peruanischen Wirtschaftskrise in den achtziger Jahren führte zu einer massiven Zunahme der Auslandsmigration aus allen sozialen Schichten. Bereits früher ins Ausland abgewanderte Verwandte oder Bekannte leisten dabei wichtige Sprungbrettfunktionen.

Nach Angaben der peruanischen Migrationsbehörde verließen

Abwanderung der zweiten und dritten Generation der Inlandsmigranten seit Mitte der siebziger Jahre

Europa

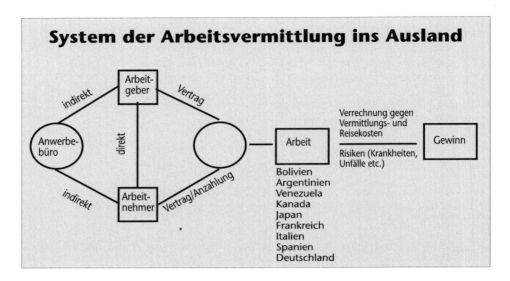

System der Arbeitsvermittlung ins Ausland

von 1985 bis 1990 mehr als 350.000 Peruaner ihr Land und kehrten nicht zurück. Die jährliche Auswandererszahl wird mit über 60.000 angegeben.

1990 lebten bereits eine Million Peruaner dauerhaft im Ausland, etwa 40% davon in den USA. Nur 25% von ihnen besitzen eine gültige Aufenthaltsgenehmigung (»green card«). Weitere Länder mit einem hohen Anteil peruanischer MigrantInnen sind Venezuela (etwa 100.000) sowie Argentinien, Chile, Mexiko, Spanien, Italien und Kanada.

Japan

Japan ist seit 1988 ein weiteres wichtiges Migrationsziel geworden. Grund dafür war die Lockerung der Einreisebestimmungen für Lateinamerikaner japanischer Abstammung, den »nisei« (Söhne/Töchter von in Japan geborenen Japanern) und »sansei« (Abkömmlinge der zweiten Generation). Wenn sie einen Arbeitsvertrag besitzen, können sie eine zeitlich befristete Aufenthaltgenehmigung als »Gastarbeiter« erhalten.

Die in Japan angebotenen Stellen beziehen sich durchweg auf unqualifizierte und für japanische Verhältnisse schlecht bezahlte Tätigkeiten, für die ein Arbeitskräftemangel besteht. Japanische Statistiken besagen, daß sich 1992 über 31.000 Peruaner offiziell in Japan aufhielten. Schätzungen gehen jedoch von insgesamt 70.000 peruanischen MigrantInnen aus.

Frauen als Migranten

Ein neues Phänomen ist, daß 55% der Auswanderer Frauen sind. Ein Viertel der 60.000 Migranten sind Studenten, die über ein Studentenvisum eine (befristete) legale Aufenthaltsgenehmigung erhalten.

Die massenhafte Migration ins Ausland wirkt auf die peruanische Wirtschaft und Gesellschaft zurück: Peruanische Familien sind heutzutage in großer Zahl international vernetzt. Die Überweisungen von Familienangehörigen aus dem Ausland bedeuten für viele eine wichtige finanzielle Stütze. Für die Regierung beleben sie die Inlandsnachfrage und helfen, die peruanische Zahlungsbilanz zu verbessern.

Auswirkungen auf die peruanische Wirtschaft und Gesellschaft

Negativ für die Entwicklung des Landes wirkt sich der »brain-drain«[17] aus, den die ständige Abwanderung qualifizierter Fachkräfte mit sich zieht. Nach Schätzungen des peruanischen Innenministeriums haben alleine von 1985 bis 1990 39.000 Fachkräfte das Land dauerhaft verlassen. Ein großer Teil der im peruanischen Bildungswesen getätigten Investitionen gehen verloren und tragen keine produktiven, zukunftsweisenden Früchte im Land.

»brain-drain«

Um dieser Entwicklung entgegenzutreten, unterstützt die Internationale Migrationsorganisation (IOM) unter bestimmten Voraussetzungen peruanische Fachkräfte bei der Rückkehr in ihr Heimatland und der Wiedereingliederung in das Berufsleben. Das Programm wird aber bisher wenig in Anspruch genommen.

Rückkehrerförderung

Seit 1992 ist nach Angaben des peruanischen Innenministeriums eine Abschwächung der Auslandsmigration, besonders nach Japan und Europa, zu beobachten. Die Gründe dafür liegen weniger darin, daß sich die Lebensverhältnisse in Peru verbessert haben, als in den verschärften Einreisebestimmungen der Zielländer. Die Wirtschaftskrise in Europa, der Anstieg der Arbeitslosigkeit und der Zustrom osteuropäischer und anderer MigrantInnen verschlechtern die Chancen auf dem Arbeitsmarkt.

Entwicklung seit 1992

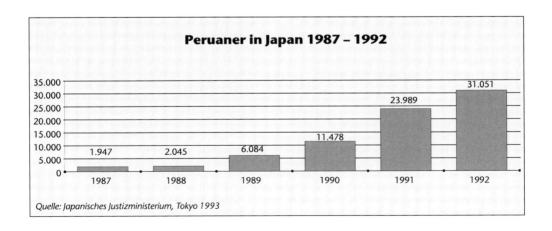

Peruaner in Japan 1987 – 1992

Quelle: Japanisches Justizministerium, Tokyo 1993

Auch in Japan sind die Erwerbsmöglichkeiten schwieriger geworden. Die Erteilung von Arbeits- und Aufenthaltsgenehmigungen wurde gedrosselt.

Dort verschärfte sich die Konkurrenz der Peruaner gegenüber MigrantInnen aus anderen lateinamerikanischen und asiatischen Ländern.

Anmerkungen

1 Vgl. Cotler, Julio: »Clases, Estado y Nación en el Perú«. Lima: IEP, 1978.

2 Museum für Völkerkunde Frankfurt: »Herrscher und Untertanen«. Frankfurt/M, 1974, S. 218.

3 Vicens Vives, J.: »Historia Social y Economia de España y América«. Bd.4, Barcelona, 1971, S. 263.

4 ebd., S.264.

5 Choy, Emilio: »Antropología e Historia«, Bd. 1, Lima: UNMSM 1979, S. 277.

6 Del Río, Mario E. : »La inmigración y su desarrollo en el Perú«. Lima, 1929, S.38.

7 Vicens Vives, op. cit., S. 275.

8 Vgl. Stewart,Watt: »La servidumbre china en el Perú«. Lima, 1976.

9 Vgl. Maude, H.E.: »Slaves in Paradise«. Stanford: Stanford University Press, 1981.

10 Stewart, W., op.cit., S. 181.

11 Fröschle, Hartmut: »Die Deutschen in Lateinamerika«, Tübingen/Basel, 1979, S. 702.

12 Fröschle, H., op.cit., s. 703-705.

13 Vgl. Cotlear, Daniel: »El sistema de enganche a principios del siglo XX. Una versión diferente. Lima:PUC, 1979.

14 Bürger, Otto: »Peru«. Leipzig, 1923, S. 26-27.

15 Matos Mar/Mejía; zit. in Moßbrucker, Harald: »Dorfstruktur und Migration in Peru. Eine vergleichende Fallstudie aus dem Departamento Lima. Saarbrücken/Fort Lauderdale, 1991, S.76.

16 Vgl. Altamirano, Teófilo: »De los Andes a las llanuras del oeste americano. El caso de los pastores«. Lima: PUC, Arbeitsdokument, 1991.
Bis etwa 1980 kehrten 80% der Hirten nach Beendigung ihres Vertrages nach Peru zurück. Mit wachsender Wirtschaftskrise verringerte sich die Zahl der Rückkehrer. 1990 gab es 3.000 peruanische Hirten vor allem in den Staaten Wyoming und Utah.

17 Wörtlich: Abwanderung der Gehirne, d.h. der qualifizierten Kräfte.

Bäuerin in den Südperuanischen Anden, Dept. Cusco

Tanzend und singend säen wir unsere Nahrungsmittel.
Tanzend und singend behäufeln wir den Mais mit Erde.
Welch' wundervolle Dinge bringt die Mutter Erde hervor,
Um ihre Kinder zu ernähren!
Wie wunderbar ist in Huancapi der Punpín!
Wie wunderbar sind unsere Gesänge und unsere Tänze!
Gelbes Blümchen am Feldesrand, rote Blume auf dem Feld,
Wäre ich ein Kolibri, so könnte ich dich ausschlürfen!
Selbst wenn ich eine Biene wäre,
Könnte ich dich ausschlürfen!

(Teil eines Huayno*)

Bauernhof, Altiplano, Südperuanische Anden

* aus: Montoya, Rodrigo, Luis und Edwin: La Sangre de los Cerros. Urqukunapa yawarnin. Lima 1987.

Über das Leben auf dem Land

Annette Holzapfel

Vorbemerkung

Die Frauen und Männer, die hier berichten, stammen aus traditionellen Bauerngemeinden im Departement Cusco und im benachbarten noch ärmeren Departement Apurímac. Sie gehören unterschiedlichen sozialen Schichten an und leben heute in Lima oder in der Departementshauptstadt Cusco. Manche blieben aber auch in ihrem Dorf.

Wenn die Menschen von der Landwirtschaft in ihrer Heimat sprechen, erzählen sie von den vielen verschiedenen Haustieren, von der Vielfalt der Feldfrüchte und daß im Dorf niemand hungert. Aber sie berichten auch, daß die Arbeit im Dorf hart ist.

Die traditionelle Bauerngemeinde, die »Comunidad Campesina«, verfügt über eine eigenständige Verfassung. Die Gemeindemitglieder, die »Comuneros«, wählen in einem demokratischen Verfahren – jeweils für ein Jahr – Amtsinhaber, die das Dorf regieren und es nach außen vertreten. Das höchste Amt ist das des »Präsidenten«.

Charakteristisch für die »Comunidad Campesina« ist das »Ayni«, der Austausch von Arbeitskraft zwischen den Familien zu unterschiedlichen Zeitpunkten, denn viele Arbeiten können nur gemeinsam verrichtet werden.

Typisch ist auch die »Faena«, die Gemeinschaftsarbeit bei dörflichen Entwicklungsprojekten.

In den Interviews beschreiben die GesprächspartnerInnen die sozialen und wirtschaftlichen Probleme ihrer Heimatdörfer.

Die Lebenslage in den Dörfern vor und nach der Landreform erlebten sie abhängig von ihrer sozialen Herkunft sehr unterschiedlich. Aus den Erzählungen wird jedoch deutlich, daß die Landreform innerhalb der bäuerlichen Bevölkerung für das Bewußtwerden des Rechts auf menschenwürdige Behandlung eine große Rolle spielte. Unter den Kleinbauern, die meist indianischer Herkunft sind, verbreitete sich rasch die Erkenntnis, ihre Lebenslage durch Eigeninitiative verbessern zu können.

Dazu gehört auch die Abwanderung in die Städte. Diejenigen, die in die Stadt abwanderten und dort erfolgreich waren oder Möglichkeiten für sich entdeckten, die sie nicht mehr missen

In den Berggebieten kann man schon froh sein, wenn die Hänge mit einem Ochsenpflug zu bearbeiten sind.

möchten, können sich eine Rückkehr aufs Land nicht mehr vorstellen. Andere hatten handfeste Gründe dafür, im Dorf zu bleiben. Einige MigrantInnen sind angesichts der schweren Wirtschaftskrise, in der sich Peru befindet, der Meinung, es sei heute vorteilhafter, auf dem Land zu leben.

Die Tochter eines Migranten in Cusco beschreibt die Vorteile des Lebens auf dem Lande:

Rast vor einem Bauernhaus, Cucuchiray, Provinz Paruro

Meine Eltern lebten besser als wir hier in der Stadt. Sie säten und wir hatten genug zu essen. Hier muß man alle Nahrungsmittel kaufen. Meine Eltern säten Mais und Weizen und setzten Kartoffeln. Wir hatten von allem genug, als wir in Chinchapuquio lebten.«

Dann bemächtigte sich ein einflußreicher Mann aus dem Ort unrechtmäßig der Felder des Vaters und stellte ihn in Cusco vor Gericht. So kam der Vater nach Cusco. Er erklärt, warum er nicht mehr im Dorf leben kann, obwohl er gerne möchte:

Die Preise schnellen hier zu sehr in die Höhe! Ich würde gerne in meinem Heimatdorf in der Landwirtschaft arbeiten! Aber meine Frau ist gestorben und ich bin verzweifelt. Niemand kann mir die Chicha[1] und das Essen für die Helfer bei der Feldarbeit zubereiten. Das erwarten die Leute dort eben! Ich müßte ganz allein in mein Dorf fahren, das Saatgut für den Mais auftreiben und den vergorenen Mais zubereiten. Im Dorf setzt man auch Kartoffeln.[2] Meine Felder und die meiner Frau liegen nun brach. Ich habe die Felder zuletzt gemeinsam mit meiner Tochter Emma bearbeitet. Aber meine Töchter fahren nicht gerne ins Dorf, weil sie hier in der Stadt ihre Arbeit haben. Und die kleinste ist mit der Schule noch nicht fertig. Wer würde mir bei der Arbeit helfen? Das Wasser zum Bewässern kann ich kaufen.[3] Aber ich muß ein Ochsengespann und Leute zum Arbeiten beschaffen. Das wichtigste ist allerdings, die Chicha und das Essen vorzubereiten.

Als ich im vorigen Jahr mit meiner Frau dort war, da hatten wir keine Probleme. Sie bereitete die Chicha und das Essen zu. Wir haben gemeinsam ausgesät und ich blieb für das erste und das zweite Häufeln der Kartoffeln im Dorf. Alles habe ich gemacht!
Im Dorf stehen mein Haus und das Haus meiner Frau jetzt leer. Niemand wohnt darin.«

65

Ein Bauer mit dem höchsten Amt in seiner Comunidad erzählt von den Problemen des Dorfes. Beim Besuch in Cucuchiray litt er sehr unter der Abwesenheit seiner beiden Kinder, die für immer nach Lima abgewandert sind und deren Briefe er nicht selber lesen kann:

>> Ich bin derzeit der Präsident von Cucuchiray. An Land fehlt es uns in unserer Gemeinde nicht; aber es gibt hier keine Arbeit. Es gibt Gemeindemitglieder, die fortgehen, um irgendwoanders zu arbeiten. Auf der Suche nach Arbeit gehen sie bis nach Puerto Maldonado zur Goldsuche. Wir haben zwar Land, aber um das Land zu nutzen, brauchen wir Wasser. Wir haben keine Bewässerung. Wir haben hier viel Vieh. Wir brauchen Wasser für unser Vieh, damit es fett und gesund wird und wir es gut verkaufen können. Wir schicken Fleisch nach Cusco. Die Händler aus Cusco kommen hierher, um Fleisch zu kaufen. Die Gemeindemitglieder bringen es auch selbst nach Cusco, denn wir müssen uns ja schließlich ernähren: Wir brauchen Zucker, Reis und Kerosin. Die jungen Leute haben keine Lust zu arbeiten. Sie suchen sich immer eine Arbeit in Cusco, in Lima oder Maldonado.«

Schulmädchen, Q'eromarca, Dorf bei Tinta, Dept. Cusco

Eine Migrantin aus Apurímac, die von ihrem Onkel nach Cusco gebracht wurde und nicht mehr in ihr Heimatdorf zurück durfte, sieht jetzt keine Möglichkeit der Rückkehr mehr. Nachdem sie in verschiedenen Haushalten in Lima und Cusco als Hausmädchen beschäftigt war, arbeitet sie nun in Cusco als Kellnerin. Sie vergleicht Land- und Stadtleben aus ihrer Sicht:

>> Was mir in Qoyllurqui so gut gefiel, waren die Haustiere. Als meine Großmutter und mein Vater noch lebten, hatten wir sehr viele Tiere und die Leute sagten, wir seien eine reiche Familie. Wir besaßen Pferde, Ziegen und viele Felder. Aber als meine Oma und dann mein Vater starben, da begannen auch die Tiere zu sterben. Die Jungtiere starben ganz von allein:

beim Fressen oder im Schlaf. Jeden Tag starben fünf bis sechs Tiere.

Was könnte ich in meinem Dorf schon tun? Willst du ein Geschäft betreiben, dann gibt es niemanden, der dir etwas abkauft, weil die Leute arm sind und kein Geld haben. Du kannst dort nichts machen, gar nichts. Bist du verheiratet und hast vielleicht einen Mann, der kaum etwas dazuverdient, dann bleibt dir nichts anderes übrig, als nur auf dem Feld zu arbeiten. Das mag ich nicht. Du kannst nicht einmal Handel treiben und dich von den Einkünften gut kleiden. Was du auf dem Feld erwirtschaftest, reicht nur aus, um dich selbst zu ernähren. Verkaufst du eine Arroba (ca. 25 Pfund) Bohnen, Mais oder Kartoffeln, dann erhältst du dafür nur 10.000, 8.000 oder sogar nur 5.000 Intis (Ende 1989 waren 10.000

Kunsthandwerkverkäuferinnen in Cusco

Ein Hacendado (Gutsbesitzer) aus dem Departement Apurímac schickte seinen Sohn zur Ausbildung nach Cusco. Der Sohn blieb in Cusco. Er betreibt dort mit Erfolg eine Gerberei. Er bedauert die Veränderungen in seiner Heimat:

»Ich lebte glücklich mit meinen Eltern. Meine Eltern besaßen sehr viel Vieh. Sie waren von edler Abstammung, eine Gutsbesitzerfamilie. Wir hatten unsere Leute, unsere Siedler, die für uns arbeiteten. Für die einzelnen Arbeitsgänge riefen wir die Pongos[5] herbei. Sie kamen und führten die Feldarbeit ordentlich aus. Wir besaßen drei Landgüter. Auf einem weideten wir das Vieh; es wird 100 bis 150 Hektar groß gewesen sein. In einem anderen, hoch gelegenen Gut bauten wir Kartoffeln an. Sobald dann die Kartoffeln ausgegraben waren, machten wir Chuño[6] und Moraya[7].

Erfolgreicher Migrant aus Apurímac, Gerbereibesitzer in Cusco

Intis etwa 1,55 DM). Damit machst du gar nichts! Das mag ich nicht.

Meine Mutter sagte: ›Komm doch hierher! Hier wird es uns an nichts fehlen!‹ Aber ich antwortete ihr, daß ich in Cusco bleiben werde. Cusco ist eine große Stadt. Hier sehe ich fern, ich gehe ins Kino – das ist schon was anderes! Ich gehe auch zur Schule und lerne. Meine Freundinnen in Qoyllurqui sagen: ›Dir geht es gut. Wir beglückwünschen dich. Nur wir werden halt hier im Dorf bleiben.‹

Zur Zeit kommen die Leute aus Qoyllurqui nicht nach Cusco, weil sie nichts ernten. Was sollen sie essen? Diese Würmer legen Eier, zehn bis zwanzig, und daraus schlüpfen ungefähr hundert Würmer. Die fressen den Weizen, den Mais, alles fressen sie.«[4]

An einer anderen Stelle befand sich unser drittes Gut; dort bauten wir Mais an. Jetzt gibt es diese Ländereien nicht mehr. Alle Mistis[8], die Gutshöfe besaßen, sind in die Stadt abgewandert. Nur die Siedler sind geblieben. Die Landreform hat die Campesinos[9] vollkommen verdorben. Heute will der Campesino nicht mehr arbeiten. Weil es ihn nichts gekostet hat, behandelt er nichts mit Sorgfalt. Die Gutsherrn besaßen gutes Vieh, hervorragende Rassen wie Swiss Brown und Holstein. Sie pflegten es, fütterten es gut und behandelten es, wenn es erkrankte. Aber der Campesino! Was versteht er schon davon! Die Campesinos haben die Häuser zerfallen lassen und das Vieh übel zugerichtet. Die Tiere sind immer mehr abgemagert und die Ländereien sind nun völlig zerstört. Sie wurden in kleine Parzellen verwandelt. Das Landgut, das ich noch besitze, liegt brach. Die Campesinos sind eingedrungen; sie leben in einem Winkel und weiden nur Vieh darauf. Aber früher gediehen auf diesem Land riesige Mengen Weizen, Tarwi[10] und Bohnen. Der Überschuß wurde hier in Cusco verkauft. Die Reise dauerte drei Tage. Ganz oben in den Bergen lebten Menschen, die viele Lamas besaßen. Ihnen übergaben wir die Last und sie brachten sie für uns nach Cusco. Wenn die Nahrungsmittel hier dann eintrafen, verkauften wir sie fanegaweise[11].

Wenn wir im Dezember unsere Zeugnisse erhalten hatten, schickte unser Vater uns einen Diener, um uns abzuholen. Er schickte uns Pferde. Vor Aufregung konnten wir in der Nacht, bevor es in die Heimat ging, nicht schlafen. Wir ritten bis Compone. Dort kamen wir um neun Uhr an. Von dort aus dauerte die Reise noch zwei Tage, bis wir endlich unser Haus erreichten.

Wir warteten sehnsüchtig darauf, endlich wieder in unserer Heimat zu sein.«

Ursprünglich wollte er Polizist werden. Er stammt aus einer Misti-Familie, rebellierte aber schon als Kind gegen die Sozialstruktur in seinem von Comunidades umgebenen Heimatort im Departement Cusco. In Lima studierte er Jura, wurde Rechtsanwalt und baute mit Erfolg einen MigrantInnenverein auf, in dem alle Mitglieder sozial gleichgestellt sein sollen:

Die Behandlung des Indio war furchtbar. An seiner Kleidung erkannte man ihn. Es handelte sich ausschließlich um eine Unterscheidung aufgrund der Rasse, der sozialen Stellung.

Ein Misti kann sogar ärmer als ein Indio sein. Wenn der Indio ein Haus im Ort besitzt, so nur, um während der Feste dort zu wohnen.

Der Indio wohnt in der Comunidad, dort, wo die Felder sind, oben in den Bergen, wo sich sein Vieh aufhält.

Der Misti lebt im Ort, wo die Bevölkerung wohnt. Ich bin Misti. Mein Vater war ein hochgeachteter Mann: Er war Statthalter, Richter, Bürgermeister und alle Indios sagten zu ihm ›Papá‹. Durch die Landreform und dadurch, daß die Comunidades sich besser organisiert haben, ist der Indio unabhängiger geworden.

Als die Landreform durchgeführt wurde, sagte man den Indios, sie sollten nicht länger für die Mistis kostenlos arbeiten und die Indios fingen an, wach zu werden. Heute werden die Gemeindeversammlungen in der Comunidad von Indios und Mistis gemeinsam durchgeführt.«

Die Großeltern eines erfolgreichen Schuhherstellers waren aus dem Hochland an die östlichen Andenabhänge abgewandert. Von seinem siebten Lebensjahr an lebte er in Lima. Er erinnert sich an seine Kindheit:

Meine Großeltern besaßen eine Kleinpacht bei Quillabamba und ein Haus im Hochland. Als sie dann das gepachtete Grundstück im Convención-Tal wieder abgaben, gingen sie ins Hochland zurück.

Huancan Talpuy   Aussaat bei den Huanca

Zeichnungen des einheimischen Künstlers M. Villalva Z. aus der Zeitschrift Minka

»KULPA WIPYAY« Terroneo Zerkleinerung der Ackerschollen.

»JALA TALPUY« Siembra de maíz Säen des Mais.

»JALA A CTR MI« Aporque de maíz Häufeln des Mais.

Von 1965 bis 1970 half ich meinen Großeltern bei der Feldarbeit.

Das Tal der Convención ist sehr schön. Es befindet sich an den Andenabhängen; dort regnet es viel, es ist warm und es gedeiht viel Obst. Es gab viele Avocados zu essen!

Es ist unmöglich, die gesamten Erträge nach Cusco zu schaffen. Das meiste verdirbt an den Bäumen.

Im Convención-Tal war die Ausbeutung ganz entsetzlich. Die Gutsbesitzer zwangen die Leute, an sechs Wochentagen die Ländereien zu bearbeiten. Früh am Morgen begaben sich die Leute mit ihrem gerösteten Mais und ein wenig Salz auf die Felder, um die Früchte zu ernten. Für ihr eigenes Stückchen Land blieb den Menschen nur ein Tag.

Die unterschiedlichsten Formen der Bestrafung und Züchtigung habe ich gesehen. Genau aus diesem Grund begannen die Landarbeiter, sich unter der Führung von Hugo Blanco gewerkschaftlich zu organisieren. Er versammelte alle Landarbeiter und bildete einen Führungsausschuß, um den Großgrundbesitzern die Stirn zu bieten. Die erste Forderung bestand darin, ihnen Stück für Stück mehr Rechte abzuringen.«

Eine Migrantin in Lima würde am liebsten in ihr Heimatdorf bei Cusco zurückkehren, denn sie leidet mehr und mehr unter der sich verschärfenden Wirtschaftskrise. Sie betrachtet sich als eine gescheiterte Migrantin:

Wenn ich mich mit den Landsleuten treffe, die in meinem Alter sind, dann sprechen wir von unserer Kindheit. In Araypallpa sind alle gleich. Mein Großvater besaß Felder. Jetzt gibt es niemanden mehr, der sie bearbeitet. Sie sind verlassen. Meine Onkel sind in Puerto Maldonado und in Cuajone[12], meine Schwestern in Cusco und in Puerto Maldonado. Ich erinnere mich daran, daß der Gutsherr seine Landarbeiter schlecht behandelte. Um sie zu strafen, nahm er ihnen ihre Tiere oder ein Stück Land weg. Wer kein eigenes Land hatte und ihn darum bat, dem gab er welches. Wenn geerntet

Faena: Gemeinschaftsarbeit der Bewohner eines Elendsviertels in Cusco. Bau einer Regenwasserdrainage, damit das am Hang gelegene Viertel nicht unter einem Erdrutsch begraben wird.

wurde, mußten sie alle für ihn arbeiten. Dieser Gutsherr ist nun arm und das Gut gehört den Campesinos. Seit der Landreform – so erzählt man mir – haben einige viel und andere wenig Land. Die gewählten Vertreter haben mehr.

Die meisten Leute aus meiner Heimat möchten zurück, weil das Leben hier in Lima so teuer geworden ist. Das Land dort ist flach. Es gibt Arbeit. Mais, Weizen, Gerste, Erbsen und Bohnen gedeihen dort. Und mit dem Bus kann man jetzt von Cusco aus bis in mein Dorf fahren.

Wenn ich an mein Dorf denke, gerate ich in eine Krise. Im Traum sehe ich mein Dorf, und ich weine, denn ich möchte nach dort zurück. Mein Mann denkt auch daran, nach Araypallpa zurückzukehren. Dort leben meine Eltern. Warum hier so leiden? Lieber zurückkehren, um das Land zu bearbeiten, Handel zu treiben und auch, um Haustiere aufzuziehen.«

Ein Bauer im Departement Cusco erzählt, warum er in seinem Dorf bleiben möchte:

 Ich habe mich daran gewöhnt, mit der Kerze zu leben. Meine Großeltern hatten auch kein elektrisches Licht in ihren Häusern. Ich habe mein Haus gebaut und führe ein ruhiges Leben mit meiner Familie. Ich esse oder esse auch nichts, trinke oder trinke nichts. Niemand beobachtet mich dabei. Ich besitze mein Vieh: Schafe, Meerschweinchen; das reicht für meinen Eigenbedarf. Auf La Tablada, dem Viehmarkt, verkaufe ich meine Tiere. Die Viehhändler transportieren es nach Cusco. Sie bringen es in den Handel; wir Campesinos mästen es nur. Sie sind im Besitz eines ›Viehpasses‹.

Ich baue Mais und Kartoffeln an. Ich produziere nur für meinen Eigenbedarf. Meine Frau bedient mich gut und sie tut, was ich ihr befehle. Ich tue auch das, was sie mir sagt. So leben wir in Ruhe. Kinder? Nur eines haben wir. Und angesichts der steigenden Lebenshaltungskosten denke ich nicht, mehr Kinder zu haben. Ich denke nicht daran, in Cusco oder Lima zu arbeiten, weil die Arbeitnehmer dort wie Tagelöhner behandelt werden. Im Rundfunk und im Fernse-

Kurz- und Kleinwarenverkäuferin auf dem Straßenmarkt von Cusco.

hen[13] erfahren wir, daß es in Lima jede Menge Probleme gibt. Ich habe mir eine Frau gesucht. Deshalb bleibe ich hier. Ich muß für meine Familie sorgen, muß für meine Familie kämpfen.

Wir haben den Führungsausschuß unserer Comunidad und unseren Präsidenten. Er besorgt für uns Kredite. Worum wir ihn auch bitten, er besorgt es für uns. Aber wir haben nicht viel Land, nur einen schmalen Streifen. Einige Familien hier besitzen von früher her viel Land. Jeder von ihnen hat vielleicht 15, 20 Hektar. Sie sind niemals Großgrundbesitzer gewesen. Aber sie waren die Chefs des Dorfes. Sie hatten alle guten Ämter inne: Sie waren Richter und Stellvertreter des Bürgermeisters. Sie waren unsere Pápis, die eigentlichen Herren. Sie bestimmten, was wir, die Indios, tun sollten. Was sie befahlen, das wurde gemacht. Aber seit der Regierung von Velasco, die die Landreform durchführte, haben wir unsere Gesetze geändert. Wir haben unser Land von denen zurückgefordert, die am meisten besaßen. Dieses Land bearbeiten wir jetzt in Gemeinschaftsarbeit zum Nutzen aller.«

Anmerkungen

1 Maisbier

2 Diese Arbeit kann man in den Anden nicht alleine ausführen.

3 In traditionellen Andengemeinden hat jedes Gemeindemitglied das Recht, das zur Bewässerung bestimmte Wasser zu nutzen. Hierfür erhält die Gemeinde von jedem Nutznießer Abgaben für den Verwaltungsaufwand.

4 Sie spielt hier auf eine aktuelle Plage in der Landwirtschaft an.

5 Tagelöhner

6 Rohe gefriergetrocknete Kartoffeln

7 Rohe sonnengetrocknete Kartoffeln

8 Mischlinge

9 Eigen- und Fremdbezeichnung für den unabhängigen, selbständig wirtschaftenden andinen Kleinbauern. In der Regel besitzt er weniger als ein Hektar Land und nutzt dies in erster Linie für den Lebensunterhalt der eigenen Familie.

10 Eßbare Lupinenart mit hohem Eiweißgehalt

11 Fanega: spanisches Trockenmaß (Hohlmaß)

12 Dort befindet sich ein großes Bergwerk des US-amerikanischen Southern-Konzerns.

13 In vielen Dörfern gibt es zumindest eine Familie, die einen Fernseher besitzt.

Anmerkungen rechte Seite:
* Aus: Montoya, Rodrigo, Luis und Edwin: La Sangre de los Cerros. Urqukunapa yawarnin. Lima 1987.
** gesungen von der Chichaband »Los Shapis«.
*** gesungen von der Chichaband »Los Shapis«.

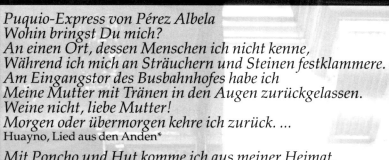

Puquio-Express von Pérez Albela
Wohin bringst Du mich?
An einen Ort, dessen Menschen ich nicht kenne,
Während ich mich an Sträuchern und Steinen festklammere.
Am Eingangstor des Busbahnhofes habe ich
Meine Mutter mit Tränen in den Augen zurückgelassen.
Weine nicht, liebe Mutter!
Morgen oder übermorgen kehre ich zurück. ...
Huayno, Lied aus den Anden*

Mit Poncho und Hut komme ich aus meiner Heimat.
Bei meiner Ankunft an der Küste nennt man mich
»Menschlein aus den Bergen«.
Mit meiner Alforja über den Schultern ging ich durch
die Straßen von Lima und wurde todmüde.
Arbeit fand ich nicht. ...
Chicha, Lied junger Zuwanderer von der Küste**

Singend nähere ich mich der Schule, um zu lernen
Mit Büchernund Heften und ganz viel Wißbegier.
Wir müssen lernen, Freunde, um unser Peru zu verändern.
Laß die Zeit nict verstreichen. Du würdest es später bereuen.
Chicha, Lied junger Zuwanderer an der Küste***

Überall im Zentrum von Lima werben private Bildungsinstitute für spezielle Qualifikationen oder die Vorbereitung auf die Universität.

Das Leben in der Stadt

Annette Holzapfel

Vorbemerkung

Die Abwanderung aus den ländlichen Gebieten in die Departementshauptstadt Cusco oder nach Lima ist in erster Linie getragen vom Wunsch nach besserer schulischer und beruflicher Ausbildung und der Hoffnung auf eine gut bezahlte Arbeitsstelle. Die Erfahrung vieler Generationen, durch das Nicht-Beherrschen der spanischen Sprache und die Lese- und Schreibunkundigkeit massiv benachteiligt zu sein, steckt tief. So setzte sich seit der Einführung der allgemeinen Schulpflicht im Jahr 1946 die Gewißheit durch, daß man durch Bildung wirtschaftlich, sozial und »kulturell« aufsteigen und sich aus Abhängigkeiten befreien kann. Die schulischen Lehrinhalte erzeugten jedoch den Eindruck, daß die bäuerliche Lebensweise rückständig und minderwertig sei. Zudem ist der Unterricht in den Dorfschulen schlecht: Auf dem Land arbeiten häufig mangelhaft ausgebildete Lehrer und es gibt kaum Unterrichtsmaterial. Die besseren Schulen sind in den Departementshauptstädten. Bessere Universitäten und Möglichkeiten, große Geschäfte zu machen, bietet nur die Hauptstadt Lima.

Aber auch Abenteuerlust spielt beim Verlassen der Heimat eine wichtige Rolle. Und von Lima haben viele junge Leute im Heimatdorf soviel gehört, daß sie diese Stadt unbedingt kennenlernen möchten.

Die Menschen, die im folgenden berichten, leben heute in Cusco oder Lima. Sie stammen aus Dörfern in der Umgebung dieser beiden Städte.

Sie beschreiben die Chancenlosigkeit im ländlichen Peru. Sie erzählen, wie sie es in Lima zu etwas gebracht haben oder auch, wie sie gescheitert sind. Alle berichten über das harte Leben, das die ZuwanderInnen führen: die katastrophalen Wohnbedingungen, die schwierige Arbeitssituation, den ständigen Geldmangel, die Kriminalität, die Mangelernährung und die damit verknüpften gesundheitlichen Probleme in den Elendsvierteln.

Sie erzählen, daß die Stadt angesichts der seit 1987 andauernden und sich ständig verschlimmernden Wirtschaftskrise den Zuwanderern immer weniger Überlebensmöglichkeiten bietet. Selbst erfolgreiche MigrantInnen stoßen auf zunehmende Schwierigkeiten. Einige denken bereits an eine Rückkehr aufs Land.

Ein Migrant in Cusco stellt Unterschiede zwischen Dorf und Stadt dar:

In meinem Dorf gibt es zu wenig Land. In meiner Kindheit gehörte das Land den Großgrundbesitzern. Jetzt gibt es nur Parzellen. Die kleinen Grundstücke, die die Familienväter besitzen, reichen nicht aus, wenn jeder Vater acht Kinder hat. Deshalb kommen die Leute in die Stadt. Und auch wegen des fortschrittlicheren kulturellen Lebens: In der Stadt lernt man, Händler, Arbeiter und Wissenschaftler zu sein. Diejenigen, die lesen und schreiben konnten, haben sich schon immer ihre Taschen mit Geld gefüllt. Heute sind sie gut situierte Unternehmer.«

Junge Leute der zweiten Generation, die in einem Stadtviertel in Cusco leben, sehen jedoch die Möglichkeiten, in der Departements-

hauptstadt studieren und arbeiten zu können, als sehr eingeschränkt an:

>> Hier gibt es sehr viele Arbeitslose. Sie widmen sich vor allem dem Diebstahl und dem Terrorismus. Wir können die Diebe nicht vertreiben, denn das würde bedeuten, daß wir ganze Familien aus dem Viertel werfen müßten.

Die meisten von uns, die ihr Studium abschließen, treffen auf Schwierigkeiten: Die Arbeitsplätze, für die wir uns bewerben, sind bereits an diejenigen vergeben, die Empfehlungen von Leuten haben, deren Partei gerade an der Macht ist. Deshalb sind wir arbeitslos. Die Fertigstellung unserer Abschlußarbeit ist ein finanzielles Problem. Es gibt Entwicklungshilfeprojekte, die Abschlußarbeiten unterstützen. Aber diejenigen, die in Projekten beschäftigt sind, vergeben die Unterstützung nur an die StudentInnen, die ihrer politischen Linie entsprechen. Für die Abschlußarbeit brauchen die meisten, weil sie nicht unterstützt werden, drei bis fünf Jahre. Erst dann bekommen sie ihr Diplom. Das ist doch die Höhe!

Weil die Universität oft bestreikt wird, kommen wir im Jahr nur ein Semester voran. Wir studieren zehn Jahre. Rechnet man fünf Jahre für die Abschlußarbeit dazu, dann brauchen wir fünfzehn Jahre. Unterdessen wird man alt. Da man keine Beziehungen hat und zu alt ist, hat man bei der Stellensuche keine Chance.«

Eine Migrantin aus einem kleinen Ort im Departement Cusco ist stolz darauf, daß sie in Lima zur Akademikerin werden konnte:

>> Wenn man vom Land kommt, möchte man, daß mehr aus einem wird. In meiner Heimat zum Beispiel gab es keine Pädagogische Hochschule und keine Universität; es gab gar nichts. Was konnte ich tun? Ich mußte von dort weg; und ich hatte Glück, weil mein Vater hier in Lima war. Hier habe ich dann an einer Universität studiert. Ich wollte eben unbedingt weiterkommen. Wenn man es im Leben

zu etwas bringen will und aus der Provinz kommt, dann muß man schon in die Hauptstadt gehen. Es ist der einzige Ort, an dem der Handel blüht. Das ist eben der Zentralismus. Alles konzentriert sich hier in Lima. Es hängt dann von den eigenen Fähigkeiten ab, wie man seine Möglichkeiten nutzt.«

Ein Migrant aus dem Departement Cusco erzählt, wie er es zum Erfolg brachte, wie aber auch die Wirtschaftskrise seinen Wohlstand minderte. Er gibt einen Überblick über das Leben seiner Landsleute in der Hauptstadt:

>> Meine Brüder lebten schon in Lima. 1961 kam ich als Zwölfjähriger hierher. Ich reparierte in einer Werkstatt alte Autos, automatische Autos und Cadillacs und verdiente 25 Soles. Ein Freund des Eigentümers besaß eine Fabrik. Dort arbeitete einer meiner Brüder. Eines sonntags besuchte ich meinen Bruder, um das Gasschmelzschweißen zu erlernen. 1961 gab es das Gasschmelzschweißen noch. Der Fabrikbesitzer fragte mich, als er mich arbeiten sah, wieviel ich in der Reparaturwerkstatt verdiente und bot an, mir 35 Soles zu zahlen, wenn ich bei ihm arbeiten würde. Ich war erst vierzehn Jahre alt und übernahm schon Verantwortung in seiner Fabrik.

Ich hatte nur den Primarschulabschluß. Abends machte ich meine theoretische Ausbildung an der staatlichen Handwerkerschule und tagsüber bildete ich mich in der Praxis fort. So erlernte ich meinen Beruf. Dann leistete ich den obligatorischen Wehrdienst. Als ich aus der Kaserne kam, wollte ich von der Arbeit als Automechaniker nichts mehr wissen. Ich wollte mein eigener Herr sein. Ich kaufte mir einen Lastwagen und begann, als Transportunternehmer zu arbeiten. Mein Beruf des Automechanikers hat mir dabei sehr geholfen.

Ich habe es verstanden, es im Leben zu etwas zu bringen. Ich bin unabhängig. Ich besitze drei Lastwagen. Dennoch reicht das, was ich jetzt verdiene, nur zum Leben. Während der Regierungszeit von Belaúnde habe ich immerhin etwas geschafft: Ich habe mir ein dreigeschossiges Häuschen gebaut.

Unter der Regierung García: Null. Es reicht gerade eben aus, um meine Familie zu ernähren und um mit meinen Freunden ein paar Schnäpse zu trinken.

Heutzutage bezahlen die Unternehmer ihren Fabrikarbeitern nur den Mindestlohn. Der Mindestlohn reicht aber lediglich für die Fahrkarten; zum Leben reicht er nicht. Man kann davon weder die Miete bezahlen, noch sich kleiden oder gar die Medikamente kaufen, wenn ein Familienmitglied krank wird. Deshalb gibt so viele Tuberkulosekranke und soviel Kriminalität hier in Lima.

Selbst die Heiligen klauen heutzutage, und wenn es nur ein wenig Gemüse ist. Ich arbeite auf dem Großmarkt. Von dort bringe ich die Ware in die Elendsviertel. Die Behinderten reißen mir oft etwas von der Ladung herunter. Nein, sie sind keine Diebe! Die Not zwingt sie, ein paar Kartoffeln, eine Zwiebel, Tomaten, Pfefferschoten und ein paar Möhren zu stehlen. Wenn sie von jedem Lastwagen etwas wegnehmen, dann können sie den Kochtopf füllen.

Ganz ehrlich gesagt, beim Anblick dieser Menschen möchte ich weinen. Wie leben sie? Was essen sie überhaupt? Sie tun mir furchtbar leid. Deshalb gebe ich meinen bescheidenen Brüdern Almosen. Es gibt Leute, die ihre Landsleute vergessen, wenn sie reich geworden sind. Aber daran ist allein die Regierung schuld. Sie zwingt die Menschen, nur an sich selbst zu denken, um zu überleben.«

Viele Elendsviertel in Cusco entstanden auf dem Gebiet ehemaliger Gutshöfe. ArbeiterInnen und ZuwanderInnen kauften den Gutsherren das Land ab. Möglicherweise waren diese wegen drohender Enteignungen im Zusammenhang mit der Landreform dazu bereit. So entstanden gemeinschaftlich verwaltete »Wohnkooperativen«. Daneben bildeten sich aus widerrechtlichen Ansiedlungen »Junge Dörfer« (eine Bezeichnung für diese Art Siedlungen seit der Militärregierung Velasco).

Beide Formen haben über mehrere Jahre zumeist den Charakter von Elendsvierteln.

Eine Studentin der Krankenpflege berichtet über die Lebensbedingungen in dem Stadtviertel, in dem sie wohnt:

Es gibt kinderreiche Familien. Viele Kinder sind unterernährt. Es gibt Väter, die sich dem Branntwein verschrieben haben. Sie vernachlässigen ihre Kinder. Später werden daraus die Kriminellen. Es gibt auch Kinder, die eine gute Erziehung genießen, aber durch den Kontakt mit ihren kleinen Freunden werden Diebe aus ihnen. Morgens gehen sie aus dem Haus und tun so, als würden sie zur Schule gehen. So merken ihre Eltern nichts.

Kriminelle gibt es auch bei der Polizei. Festgenommene Diebe werden freigekauft, indem der zuständige Wachpolizist ein Schmiergeld bekommt. Es gibt keine Gerechtigkeit!

Seit dem Beginn der Wirtschaftskrise (Ende der achtziger Jahre) sind die Lebenshaltungskosten sehr in die Höhe geklettert und die Kriminalität hat enorm zugenommen. Zehn- bis fünfzehnjährige Kinder klauen jetzt. Sie sehen den Diebstahl als etwas Normales an und denken nicht, daß sie etwas Schlechtes tun.

Die meisten Frauen hier in Zarzuela betreiben Handel. Auf dem Markt haben sie ihre Stände. Als Straßenhändlerinnen verkaufen sie Gemüse. Andere betätigen sich zuhause geschäftlich. Sie stricken, weben oder betreiben einen kleinen Laden. Sie sind gleichzeitig Haus- und Geschäftsfrauen.«

Die Kinder, die 1989 in einer Pfarrei in Cusco kostenlos ihr Mittagessen bekamen, erzählten, daß ihre Eltern Apfelsinen, Zucker, Reis oder Essen verkauften. Eine Mutter stellte zu Hause Decken und Ponchos für den Verkauf her. Mehrere Väter waren im Baugewerbe tätig, und einer kaufte im Tiefland Pfefferschoten und Gold.

Im selben Jahr rief ein Gesundheitszentrum

Neubesiedlung in einem Limeñer Elendsviertel, sogenannte »Mattenhütten«

aus den umliegenden Elendsvierteln Mütter mit unterernährten Kindern zusammen. Als Entgelt für ihren wöchentlichen Arbeitseinsatz im Garten des Zentrums erhielten die Frauen Grundnahrungsmittel. Außerdem wurden sie angehalten, Verhütungsmittel zu verwenden oder sich Spiralen einsetzen zu lassen.

Die Frauen waren sehr verzweifelt über ihre Lebenssituation und die ihrer Kinder. Viele weinten, als sie von sich sprachen:

– »Manche von uns haben vier, fünf Kinder. Hier kriegen wir nur Nahrungsmittel. Wir sind arm und wohnen zur Miete. Unsere Männer verdienen sehr wenig.«
– »Wir haben viele Kinder und können keine Arbeit finden. Mein Mann hat keinen sicheren Arbeitsplatz. Er kriegt immer nur kurzfristige Verträge. Er arbeitet eine Woche lang, und dann ist er zwei Wochen ohne Arbeit. Ich arbeite nur am Wochenende als Händlerin, denn während der Woche muß ich mich um meine Kinder kümmern, die zur Schule gehen.«
– »Ich habe sieben Kinder. Es gibt keine Arbeit. Ich verkaufe auf dem Markt Essen. Aber ich verkaufe sehr wenig. Es gibt keine Kundschaft. Kartoffeln und Chuño sind sehr teuer geworden.«
– »Ich bin eine alleinstehende Mutter. Vor zwei

Jahren haben mein Mann und ich uns getrennt. Ich habe vier Kinder, und für sie muß ich viele Opfer bringen. Ich verkaufe nur Gemüse als Straßenhändlerin.«
– »Wir finden uns damit ab, daß alles immer teurer wird. Was können wir denn schon tun! Da wir keine Arbeit finden, harren wir dessen, was kommt. Wir vertrauen nur auf Gott. Wir werden auf Gott vertrauen, solange wir leben. Danach kommt der Tod. Was kann man denn sonst tun?«

»Erwarten Sie den Tod?«

»Ja, gewiß, bei diesem Leben!«

In vielen Stadtvierteln können die Eigentumsverhältnisse über lange Zeit nicht geklärt werden. Dies bedeutet eine große Unsicherheit für die BewohnerInnen, selbst wenn sie bereits eigene Häuser besitzen. Ein zugewanderter Familienvater in einem Viertel von Cusco beschreibt, wie schwierig die Verhältnisse für ihn geblieben sind:

» Unser Abwassersystem ist kaputtgegangen. Die Kanalisationsarbeiten stehen an. Der Zugang von der Allee Grau aus muß gemacht werden. Der Stadtrat sagt, wir hätten kein Recht, hier zu leben, weil das Land dem Staat gehöre. Wohin sollen wir gehen? Wir haben so große Opfer gebracht, um uns feste Wohnungen zu bauen. Peru durchlebt schwierige Zeiten. Ich habe fünf Kinder und außerdem leben meine Eltern bei mir. Wohin sollte ich gehen, wenn nun mein Haus zerstört würde?«

Viele Zuwanderer leben in Lima in sogenannten »Jungen Dörfern«. Die Teilnahme an Landbesetzungen stellt für sie die einzige Möglichkeit dar, zu einem eigenen Grundstück zu kommen. Sie errichten zunächst Hütten aus Schilfmatten darauf. Später entstehen aus ihnen – Stück für Stück – feste Häuser.
Der Ausbau des Hauses erfordert unzählige Opfer und dauert oft ein ganzes Leben. Über

die Jahre hin werden aus den Elendssiedlungen Wohnviertel mit mehrstöckigen Häusern, denn für die heranwachsenden Kinder wird der zukünftige Wohnraum miteingeplant.

Die Landbesetzungen, der Kampf um die offizielle Anerkennung der Besitzrechte und die Versorgung mit Wassser und Strom verlangen eine effiziente Organisation, Solidarität und Gemeinschaftsarbeit. Ein junger Migrant aus einem Dorf bei Cusco erzählt, wie er in einem Elendsviertel in Lima ein eigenes Stück Land erwarb:

>> Ich wollte alleine leben. Hier in dieser Wohnsiedlung ›Siebter Juni‹ fand ich ein Zimmer.

Ich lebe schon seit zwanzig Jahren hier. Seit Juni habe ich mein eigenes Grundstück und meine eigene Hütte. Weil ich schon so lange hier lebe, mußten sie mir ein Grundstück geben. Das wichtigste ist, ein eigenes Stück Land zu besitzen. Ich wünschte, diese Wohnsiedlung würde uns schon als unser Eigentum überschrieben, damit ich mir Ziegelsteine kaufen kann. Aber leider müssen wir noch ein wenig warten.

Vom Bürgermeister wurde die Wohnsiedlung anerkannt. Wir haben Wasser und Strom. Der Grundriß wurde bereits erstellt und alle Grundstücke verteilt. Jetzt kann niemand mehr hier zuziehen.

Der Stadtrat stellt uns Berater. Wir sind gut organisiert. Wir haben ein Führungsgremium, einen Geschäftsführer der Organisation, einen Protokollführer, der auch unser Archiv verwaltet, für die gesamte Siedlung.

Ich bin Protokollführer meines Häuserblocks. Man muß Zeit dafür haben. Das Amt verlangt Verantwortungsbewußtsein und man wird immer kritisiert.«

Eine Zuwanderin in Lima erzählt, wie die Familie zunächst in Lima lebte und warum sie sich eine Hütte aus Schilfmatten im Elendsviertel baute:

>> Als ich nach Lima kam, wohnten mein Mann und ich zusammen mit unseren vier Kindern zunächst in einem Zimmer bei Verwandten. Mit der Zeit wurden wir Ihnen aber zur Last. Darauf mieteten wir ein Zimmer im Distrikt Comas. Mein Mann arbeitet als Lastenträger auf dem Großmarkt und verrichtet dort alle gerade anfallenden Arbeiten. Am Anfang war das Zimmer in Comas billig. Aber dann verlangte die Eigentümerin immer mehr Geld und fühlte sich plötzlich durch alles mögliche gestört. Die Kinder durften nicht laut sein und wir durften nicht mal mehr Radio hören. Da erfuhr ich, daß es im Distrikt San Juan de Lurigancho Land zum Besetzen gab.«

Die Lebensbedingungen in Lima werden heute immer schwieriger. So ensteht bei einem Teil der MigrantInnen der Wunsch, in anderen Landesteilen ansässig zu werden oder auch in die Heimat zurückzukehren. Eine Frau begründet ihren Wunsch, ins Dorf zurückzuziehen:

>> Ich möchte in meine Heimat zurück. Lima taugt nicht mehr zum Geldverdienen. Vor über 20 Jahren war das anders. Ich kam mit einer Tante nach Lima. Ich war damals verlobt. Mein Verlobter arbeitete im Hafen und verdiente so gut, daß ich meinen Eltern und meinen zahlreichen Geschwistern alle 14 Tage Geld schicken konnte. Ich hatte eine Köchin und eine Angestellte, die mir die Wäsche wusch.

Jetzt wohne ich in einem Elendsviertel. In der Nachbarschaft ist überall eingebrochen worden, und nebenan stellen sie Kokain her.

Ich verdiene mein Geld mit Waschen. Ich wasche die Wäsche der Fräuleins vom Hafen. Die haben alles. Die verdienen sehr gut. Sie haben Eigentumswohnungen, Stereoanlagen und Telefon. Dollars kriegen sie von den Japanern und von den Russen. Die Besitzerin der Bar, in der sie jeden Abend pünktlich um sieben Uhr erscheinen müssen, nimmt von jedem Kunden 20 Dollar. Aber die Fräuleins verdienen gut. Und sie zahlen gut.

Ich wasche grundsätzlich nur mit Handschuhen. Viele von ihnen sind Mädchen aus der Provinz, hübsche Mädchen. Einige sind von Männern betrogen worden; sie wurden zur Prostitution gezwungen.

Vor Jahren hatte ich Bedienstete; jetzt wasche ich für andere. Das Leben dreht sich.«

Die Zuwanderer sind nicht nur junge Leute. Ein Ehepaar aus einer Bauerngemeinde möchte das Alter in der Stadt verbringen:

Diesen Laden haben wir langsam aufgebaut. Von den Einkünften haben wir uns ein Haus in der Wohnkooperative in Ate Vitarte gebaut. Dort leben unsere Söhne, denen wir eine Ausbildung ermöglichen konnten. Mit dem, was wir auf unseren Feldern anbauen, unterstützen wir unsere Kinder.

Selbst unsere jüngsten Söhne leben inzwischen in Ate Vitarte, um eine gute Ausbildung zu bekommen. Unser einziges Mädchen ist ja als Baby gestorben. Unser ältester Sohn ist verheiratet. Seine Frau erfüllt die Funktion einer Mutter für unsere jüngsten Kinder. Der Zweitälteste ist auch schon eine Bindung eingegangen, aber es ist noch nichts Offizielles. Die älteren haben ihren Beruf: Sie sind Automechaniker.

Sobald sie einen Beruf haben, wollen sie nicht mehr in der Landwirtschaft arbeiten. Wozu auch? In einigen Jahren wollen wir zu unseren Kindern ziehen. Mein Mann hat die meisten Ämter im Dorf innegehabt. Ihm fehlt nur noch, Präsident der Gemeinde zu werden. Danach kann er sich in die Stadt zu seinen Kindern zurückziehen. Dann brauchen wir unsere Felder nicht mehr.

Meine Schwester wohnt ebenfalls in Vitarte. Mein Vater hält sich seit dem Tod meiner Mutter oft länger dort auf. In der Stadt kann er als Heiler sicher mehr Geld verdienen.«

Kinowerbung in Lima: »Blume der Leidenschaft«. »Wenn die Vereinigung der Körper alle Grenzen überschreitet.« — Anspielung auf Wünsche der Migrantinnen und Migranten.

»Es gab Leute, die es nicht aushielten und wegliefen«

Die Arbeit in den Goldwäscherlagern des Tieflands

Annette Holzapfel im Gespräch mit einem ehemaligen Migranten*

Abenteuerlust

»Beim ersten Mal wollte ich wissen, wie die Situation in den Goldwäschercamps war. Ich wollte es selbst ausprobieren. Ich stellte mir vor, daß die Goldkörner aus dem Fluß gewonnen wurden. Ich wollte meinen Lebensrhythmus verändern und die Gewohnheiten eines tropischen Gebietes kennenlernen. Ich suchte vor allem das Abenteuer. Geld spielte damals für mich keine so wichtige Rolle, denn ich hatte keine Familie.

Ich war 19 Jahre alt. Wir waren mehrere Freunde, als wir uns zu dem Abenteuer entschlossen. Wir machten uns auf eigene Faust auf und reisten bis Quince Mil. Dort besaß der Vater eines Freundes ein kleines Goldwäschercamp. Wir besuchten ihn einfach. Die Landschaft, der Urwald und die Tiere beeindruckten mich sehr. Die Arbeit fiel mir schwer, weil ich mich nicht auf das Klima umstellen konnte. Die Hitze war unerträglich. Wenn man aus dem Hochland stammt, ist man die Kälte gewohnt. Das Essen war eini-

Die harte Arbeit der Goldwäscher

germaßen, im Vergleich zu dem bei meinen späteren Aufenthalten. Wir blieben zwanzig Tage. Dann kehrte ich zurück.

Wenn ich die schwere Arbeit dort mit den Bedingungen hier in Cusco vergleiche, kommt mir die Arbeit hier leicht vor. Dort konnte ich mich nicht an die Arbeit gewöhnen. Hier ist sie ganz anders. Hier kann man sie aushalten. Aber im Urwald ist die Arbeit wegen der Hitze unerträglich. Etwas enttäuscht kam ich zurück. Das erste Mal hielt ich mich in der Nähe von Maldonado auf, das zweite Mal gelangte ich an Orte, die weiter weg waren, mit dem Boot etwa einen Tag von Laberinto entfernt. Ich hatte keinen Vertrag. Ich reiste mit einem Freund, der selber Camps besaß. Eine Woche arbeitete ich bei ihm. Dann reiste ich weiter zu einem anderen Camp-Besitzer.

Die Arbeitsbedingungen

Dort sah ich, wie man die Arbeiter behandelte. Dem Vorarbeiter fehlte nur noch die Peitsche. Der Alte, der Eigentümer, war ein schrecklicher Mensch. Er ließ uns zehn Stunden am Tag schuften. Und das in der brütenden Hitze des Regenwaldes. Wir arbeiteten auch samstags und sonntags. Am Sonntag sollte eigentlich frei sein. Aber man sagte mir, daß ich jeden Tag mindestens fünf Stunden arbeiten müsse, um meine Verpflegung für den jeweiligen Tag abzubezahlen.

An den Ufern wird der Sand in Waschkanälen gereinigt, in denen sich Metallsiebe befinden. Man kippt das Abraummaterial in die Siebe. In dem Waschkanal befindet sich Jutestoff, in dem der feine Goldstaub durch den Wasserstrahl hängenbleibt. Einige Arbeiter schieben die Schubkarren. Diese Arbeit ist hart, denn sobald man die Schubkarren beladen hat, schüttet man den Inhalt aus, kehrt ans Ufer zurück und läd sie wieder voll. Es gab Leute, die es nicht aushielten und wegliefen. Aber der Besitzer brachte sie zurück. Wenn er sie erwischte, behandelte er sie schlechter als uns. Es gab Einschränkungen für sie und während des Essens wurden sie bewacht. Nachts mußten sie in einem gesonderten Raum schlafen, aus dem sie nicht entkommen konnten.

Die Verpflegung

Manchmal gab der Alte uns Bohnen zum Frühstück; daran sind die Leute aus dem Hochland überhaupt nicht gewöhnt. Unser Essen wurde häufig mit dem zubereitet, was im Urwald wächst, mit Bananen und Maniok. Die Verwendung von anderen Nahrungsmitteln – etwa Reis oder Nudeln – wäre teurer gewesen. Der Besitzer hatte eine Köchin angestellt. Für ihn wurde besseres Essen gekocht. Wir mußten für unser Essen zusätzlich auf den Feldern arbeiten.

Mißhandlungen

Manchmal erhielt er Arbeitskräfte aus Cusco: Man verkaufte sie ihm. Es gab Leute, die mit den Arbeitswilligen die Verträge machten und diese Leute dann dem Goldcampeigentümer verkauften. Der Vertrag wird auf drei Monate festgesetzt und besteht oft nur aus einer mündlichen Abmachung, so daß der Arbeiter, wenn er sich beim Arbeitsministerium beschweren will, nicht einmal ein Papier in Händen hält.

Ich habe davon gehört, daß Arbeiter gelegentlich umgebracht wurden. Man nahm sie dann mit zur Jagd in den Wald. Dort tötete man sie, hob ein Loch aus und verscharrte sie darin. Der betreffende Arbeiter tauchte einfach niemals mehr auf. Auch seine Angehörigen erfuhren nie, wie und wo er verschwunden war. Obwohl die anderen Arbeiter manchmal davon erfuhren, hielten sie ihren Mund. Sie wollten möglichst schnell ihr Geld zusammenhaben, um zurückzukehren.

Heutzutage reisen viele Leute nicht mehr alleine an, sondern zu dritt oder zu viert, einige sogar mit ihren Frauen. So können sie besser ihre Rechte durchsetzen. Manche lassen sich auch zu Patenkindern des Campbesitzers machen; in solchen Fällen gibt es keine Solidarität mehr, sondern nur noch Rivalität.

Freizeit

Einen halben Tag hatten wir frei. Den nutzten wir, um unsere Wäsche zu waschen. Wir vertrieben uns die Zeit mit Fußball- und Kartenspielen. Wir unterhielten uns über die tägliche Arbeit, sprachen darüber, wieviel Gold jeder von uns gefunden hatte und was das an Verdienst für den Eigentümer bedeutete. Die Arbeiter kamen aus allen möglichen Hochlandgegenden und so habe ich viel über die Lebensgewohnheiten in anderen Landstrichen erfahren.

Die Unterbringung

Wir wohnten in Camps. Die Unterstände waren sehr groß. In ihnen wurden jeweils 15 bis 20 Arbeiter untergebracht. Jeder Arbeiter bekam so etwas wie ein Holzgestell; darüber konnte er sein Moskitonetz spannen, unter dem er schlief. Das waren unsere Betten. Die Matratze machte man sich selbst aus Bananenblättern, über denen eine Decke ausgebreitet wurde. Decken mußte man sich mitbringen: zwei, eine für unten und eine für oben.

Krankheiten

Die Krankheit, die fast alle Arbeiter bekommen, ist die Malaria. Ich habe sie auch gekriegt, durch einen Mückenstich. Ich wurde dann mit Kräutern behandelt, mit einer Pflanze namens Caña-Caña. Die Pflanze wird ausgekocht und in dem heißen Wasser wird man gebadet und anschließend warm zugedeckt. Die Besitzer müssen sich schon um einen kümmern, wenn man krank ist, da sie daran interessiert sind, daß kein Arbeiter für lange Zeit ausfällt. Medikamente und Behandlung sind teuer. Sie werden einem am Ende vom Lohn abgezogen: Pillen, Reiseko-sten, Essen und sogar die Nadel, die für die Spritze verwendet wurde.

Die Heimkehr

Wenn wir eine Zeit lang gearbeitet hatten, wurden wir in Gold bezahlt. Dieses Gold verkauften wir dann der Bergbaubank. Ich wartete nur darauf, genug Geld zu sparen und nach Cusco zurückzufahren. Ich bekam schließlich genug Geld für meine Rückfahrt zusammen und brach auf. Die Reise bis Cusco ist teuer und der Lastwagen braucht mehrere Tage. Zuerst fuhr ich bis in die Stadt Maldonado. Dort traf ich einen Freund aus Cusco, der mir vorschlug, eine Zeit lang im Bauunternehmen seines Bruders zu arbeiten, um nicht ganz ohne Geld heimzukehren. So arbeitete ich noch neun Monate in Maldonado auf dem Bau. Weil es in der Stadt war, wurde ich besser bezahlt und besser behandelt.

Für mich war mein Aufenthalt in Maldonado ein Erfolg, weil ich bei der Gelegenheit Rosita kennengelernt habe und sie ist für mich, abgesehen von meinen beiden Töchtern, das Beste, was ich habe. Rosita arbeitete in der Küche des Goldlagers.

Weshalb kommen die anderen zum Goldwaschen?

Viele begeben sich aus wirtschaftlichen Gründen in die Goldwäscherlager. Mancherorts sind die Arbeitsbedingungen in der Landwirtschaft unerträglich und außerdem sind die Erträge äußerst gering; es gibt Trockenzeiten. Die Kleinbauern aus solchen Gegenden sehen sich gezwungen, für ihren Unterhalt irgendwo Geld aufzutreiben. Sie müssen als Goldwäscher arbeiten.«

* Der Bericht bezieht sich auf die Jahre 1987 und 1988.

Anwerbebüro für Arbeit in La Convencíon und Madre de Dios in Cusco.
Cusco ist der Ausgangsort für die Migration ins südliche Tiefland.

Goldwäscher und Kokapflücker: Migration ins peruanische Tiefland

Klaus Rummenhöller

Neben der Migration in die Küstenstädte ist im südandinen Raum die Migration in die fruchtbaren Täler des östlichen Andenabhanges und das Amazonastiefland von Bedeutung. Die wichtigsten Zuwanderungsregionen sind:
– die Provinz La Convención und
– die Unterregion Madre de Dios, vor allem die Goldwäscherzonen an den Flüssen Madre de Dios, Inambari, Colorado und Huepetue sowie
– die Provinzhauptstadt Puerto Maldonado.

Ein erheblicher Teil der Migranten wandert vorübergehend ab, um sich als Erntehelfer oder Goldsucher ein zusätzliches Einkommen zu verschaffen. Die drastische Erhöhung der Einwohnerzahlen in den Tieflandregionen zeigt aber, daß saisonale Migrationsbewegungen über Jahre hinweg auch einen tatsächlichen Abwanderungsprozeß zur Folge haben.

Konjunktur und Weltmarkt

Der Migrationsprozeß war immer von Konjunkturen geprägt, deren auslösende Faktoren nicht auf regionale oder nationale Entwicklungen zurückzuführen sind, sondern auf diejenigen des Weltmarktes.

Preiserhöhungen für Produkte wie Gold, Kaffee, Kakao lösen Produktionsschübe aus und damit auch den massiven Bedarf an Arbeitskräften. Damit einher geht eine sprunghafte Nachfrage nach Waren und Dienstleistungen.

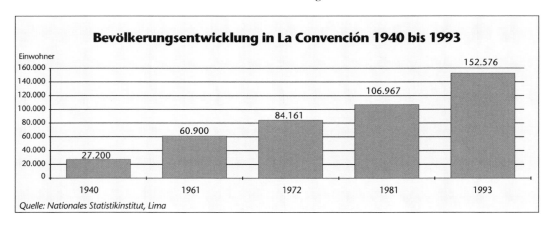

Bevölkerungsentwicklung in La Convención 1940 bis 1993

Einwohner

1940	1961	1972	1981	1993
27.200	60.900	84.161	106.967	152.576

Quelle: Nationales Statistikinstitut, Lima

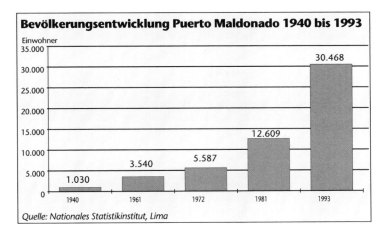

Bevölkerungsentwicklung Puerto Maldonado 1940 bis 1993

Einwohner

- 1940: 1.030
- 1961: 3.540
- 1972: 5.587
- 1981: 12.609
- 1993: 30.468

Quelle: Nationales Statistikinstitut, Lima

Die zyklischen Preisentwicklungen auf dem Weltmarkt sind für die Bauern des Hochlandes nicht durchschaubar. Baisse-Zeiten lösen Boomzeiten ab. Und wenn die Preise dauerhaft in den Keller rutschen, ist die Produktion häufig nicht mehr rentabel.

Peruanische Regierungen aller politischen Richtungen förderten aus bevölkerungs- und entwicklungspolitischen Gründe die Migration in das Tiefland:
– Die hohe Bevölkerungsdichte in den Anden sollte sich verringern, indem die Menschen ins schwach besiedelte Tiefland abwanderten und weniger in die überquellenden Slums der Städte,
– die MigrantInnen sollten mithelfen, die Tieflandgebiete wirtschaftlich zu erschließen.

Sie bedienten sich dabei des Mythos vom fruchtbaren und menschenleeren Amazonasgebiet. Die Landrechte der dort beheimateten Indianer versuchte man zu ignorieren oder einzuschränken.

Peruanische Migrationspolitik

Die staatliche Förderung beschränkte sich zunächst auf die infrastrukturelle Anbindung der Regionen. Die Straßen nach Puerto Maldonado (1962), ins Kosñipata-Tal (1954) sowie die Eisenbahnlinie ins La Convención-Tal in den fünziger Jahren machten massive Migrationsbewegungen erst möglich.

Der Staat förderte die Abwanderung auch durch spezielle Gesetze, zum Beispiel durch das »Gesetz zur Förderung der Goldproduktion« (1978). Es wurden zudem großangelegte Projekte der »gelenkten Migration« entworfen. In diesen Fällen übernahm der Staat die Transportkosten in ein meist abgelegenes Urwaldgebiet, verteilte dort an die Abwanderer Land und gab ihnen einige Vergünstigungen wie Kredite und Arbeitsgeräte.

Im südandinen Raum blieben diese Projekte weitgehend erfolglos.

Die Wirtschaftsräume in der südandinen Region

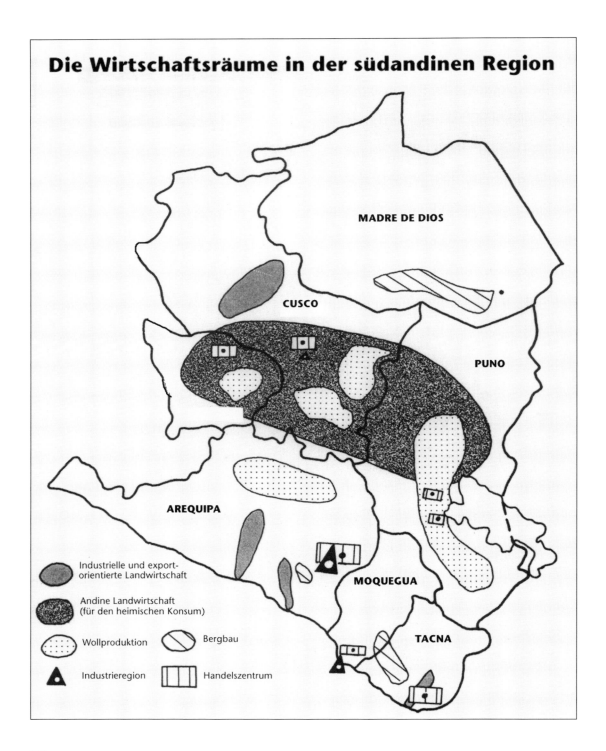

MADRE DE DIOS

CUSCO

PUNO

AREQUIPA

MOQUEGUA

TACNA

Industrielle und export-
orientierte Landwirtschaft

Andine Landwirtschaft
(für den heimischen Konsum)

Wollproduktion

Bergbau

Industrieregion

Handelszentrum

Migration ins La Convención-Tal

Seit Beginn der Kolonialzeit gab es im La Convención-Tal Landgüter, die Koka, Zuckerrohr, Alkohol und tropische Früchte für den
südandinen Markt produzierten.

Ab 1860 kam noch Kakao hinzu, der nach Cusco in die neu entste-
henden Schokoladenfabriken geliefert wurde.

Spätestens seit Beginn des 20. Jahrhunderts versuchten die
Großgrundbesitzer (Hacendados), die sich riesigen, teils nicht genutzten Landbesitz angeeignet hatten, der steigenden Nachfrage
nach ihren Produkten Rechnung zu tragen.[1] Für die Produktionsaus-
weitung standen ihnen aber zu wenige lokale Arbeitskräfte zur Ver-

**»Hacienda«-System
Anfang des
20. Jahrhunderts**

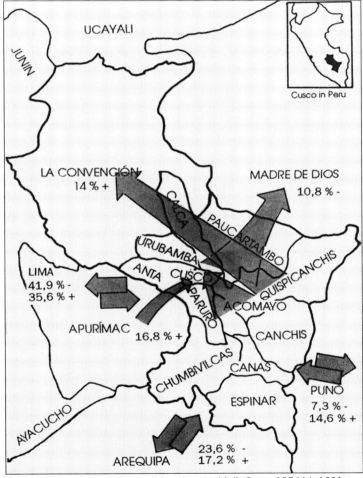

Das alte Departamento Cusco. Migrationsstatisktik Cusco 1976 bis 1981

fügung. So boten sie andinen Bauern bis zu 30 ha Land zur eigenen Bewirtschaftung an. Diese verpflichteten sich im Gegenzug, für den Hacendado zu arbeiten und eine Pacht zu zahlen. Außerdem mußten sie ihre Einkäufe und Verkäufe über den Hacendado abwickeln. Das Angebot lockte über Jahrzehnte landlose andine Bauern vor allem aus den Departements Puno, Arequipa und Ayacucho in das Tal. Es kam aber nicht zu einer massiven Wanderungsbewegung. Ein Grund war die schlechte Anbindung des Tales über Maultierpfade an die Verkehrswege des Hochlandes, was die Vermarktung der Agrarprodukte erschwerte. Hinzu kamen regelmäßige Epidemien wie Malaria. Allein 1933, dem schlimmsten Jahr, starb mehr als 50% der Bevölkerung.

Vierziger Jahre: Kaffeeproduktion

Als Ende der vierziger Jahre die Eisenbahn bis ins La Convención-Tal verlängert wurde, begannen die Großgrundbesitzer mit dem Anbau von Kaffeepflanzen, für den in La Convención ideale klimatische Bedingungen herrschen. Mit der Kaffeeproduktion für den Weltmarkt ließen sich weitaus größere Gewinne erzielen als mit der Koka- oder Alkoholproduktion für den regionalen Markt. Die Plantagenwirtschaft erforderte jedoch einen zusätzlichen Arbeitskräftebedarf. Die Besitzer versuchten, diesen durch weitere Landvergaben an Pächter, aber auch die Anwerbung von saisonalen Erntehelfern durch »Enganchadores«[2] zu decken.

Pächter wurden Agrarunternehmer

Die Pächter begannen, ebenfalls Kaffee und andere Marktprodukte (cash-crops) wie Kakao, Tee und tropische Früchte anzubauen. Sie steigerten die Produktivität ihrer Parzellen. Die Ernte verkauften sie über städtische Händler aus Cusco oder Arequipa, die auch Kredite vermittelten. Die Hacendados verloren die Kontrolle über den Handel und wurden oft selbst zu Kunden der neuen Händler. Aus den Pächtern wurden Agrarunternehmer, während die Hacendados ihre Gewinne in den Städten anlegten und kaum in die Modernisierung ihrer Produktion investierten.[3] Die Pächter ließen Verwandte und Bekannte nachkommen, die in Produktion und Vermarktung eingesetzt wurden. Viele machten sich bald als Zwischenhändler, Straßenhändler oder im Dienstleistungsgewerbe (kleine Restaurants, Imbißbuden, Transporteure, etc) selbständig und brauchten wiederum Hilfskräfte. So entwickelte sich die Migration in das La Convención-Tal wie eine Kettenreaktion. Die Pächter (»arrendires«) hatten immer weniger Zeit, die eigene Parzelle zu bebauen. Sie traten kleinere Landstücke an Neuankömmlinge ab und wandten im Kleinen das gleiche System an wie die Hacendados. Die Unterpächter (»allegados«) konnten oft die Arbeitsanforderungen nicht erfüllen und sahen sich ihrerseits gezwungen, einen Teil ihrer Parzelle an »suballegados« abzutreten. Pächter wie Unterpächter heuerten in Erntezeiten Landarbeiter an.

Kettenmigration

    In den fünfziger Jahren boomte trotz einiger Preisschwankungen der Kaffee-Export. Auch die Produktion der Agrarprodukte für den regionalen Markt konnte sich ständig steigern. Die Eisenbahn verkürzte die Reisedauer von Cusco nach Quillabamba auf sieben Stunden. Bis Ende der fünfziger Jahre erlebte die Provinz La Convención die bis dahin größte Binnenwanderung im südandinen Raum. Von 1940 bis 1961 stieg die Bevölkerung um 123% von etwa 27.200 auf 61.000 Menschen.

Der Kaffeeboom führte bald zu einer dramatischen Verschärfung der sozialen Konflikte zwischen Großgrundbesitzern einerseits, zugewanderten Pächtern und Unterpächtern andererseits. Die Großgrundbesitzer sahen in den Pächtern eine unliebsame Konkurrenz, deren Arbeitsverpflichtungen außerdem durch die vielen Neumigranten überflüssig geworden waren. Sie forderten »ihr« Land zurück, um es in ihre Kaffeeproduktion einzubinden. Die Pächter, die mit ihren Marktprodukten ein für den andinen Raum sehr hohes Einkommen erzielten, waren nicht bereit, den erreichten Lebensstandard aufzugeben. Sie organisierten sich mit den Unterpächtern in Interessenverbänden. 1958 gab es bereits 40 Bauernverbände, die sich zu ihrem ersten regionalen Bauernkongreß trafen. Die Forderungen der Bauern, allen voran der Pächter, waren anfangs eher gemäßigt. Sie forderten:

Arbeiter in einer Teefabrik in Huyro im Convención-Tal.

– die Verringerung der Zwangsarbeiten auf den Haciendas;
– freien Verkauf von Produkten an auswärtige Händler;
– das Recht, auf ihren Parzellen Besuch empfangen zu dürfen;
– das Recht auf Schulerziehung für ihre Kinder.

Als sich Hacendados und staatliche Vertreter kompromißlos zeigten, radikalisierten sich die Forderungen der Bauern. Seit 1960 ging es den Bauern nicht mehr um Verbesserungen des Hacienda-Systems, sondern um dessen Abschaffung. Eine Agrarreform sollte her, nach dem Motto: »Das Land gehört dem, der es bebaut«.
Inzwischen hatte die massive Migration die soziale und wirtschaftliche Situation im La Convención und Lares-Tal völlig verändert. Pächter, Händler und Dienstleister aller Schattierungen waren Träger einer neuen wirtschaftlichen Entwicklung geworden. Die Großgrundbesitzer, die in den Zuwanderern nur billige Arbeitskräf-

te gesehen hatten, fürchteten um ihre Privilegien. Denn sie kassierten den größten Teil der Exporterlöse, während die Masse der ländlichen Bevölkerung von den Gewinnen nur wenig profitierte.[4]

Auch die Landarbeiter organisierten sich in Gewerkschaften, die bald nicht mehr Lohnerhöhungen, sondern ihr Recht auf Land forderten.

Von 1960 bis 1964 eskalierten die Landbesetzungen. Sie wurden von Polizei und Militär gewaltsam niedergeschlagen. Mit Strafexpeditionen gegen die Bevölkerung und der Verhaftung der politischen Führer versuchte die Regierung, die alte Ordnung wiederherzustellen. Als 1963 der Bauernführer Hugo Blanco nach einem Gefecht mit der Polizei gefangengenommen wurde, organisierten marxistische Studenten eine Guerillafront in La Convención, die von den Militärs mit brutaler Härte verfolgt und 1965 aufgerieben wurde.

Zur gleichen Zeit führte die Regierung Belaúnde zur Befriedung der Region eine vorsichtige Agrarreform durch. Sie betrachtete die neuen Mittelbauern, die Händler und andere Profiteure der Agrarreform als wichtiges Wählerpotential einer konservativ mittelständig orientierten Partei. Der politische Einfluß der Großgrundbesitzer schwand. Die Agrarreform der Regierung Velasco machte dann

---

Die Bauern haben keine Alternative
Über die zunehmende Bedeutung des
Kokaanbaus in der Provinz La Convención

Aus einem Interview mit dem Generalsekretär des Bauernverbandes von La Convención, Yanatile-Lares, Ricardo Cahuana Serna

Wie geht es den Bauern in Quillabamba heute?
Die Produktivität und der Preis für unsere wichtigsten Anbauprodukte wie Kaffee, Kakao und andere landwirtschaftlichen Markterzeugnisse sind allgemein sehr stark zurückgegangen. Bis März 1993 verloren wir etwa 52 Millionen Soles.
Ist die niedrige Ernte daran schuld?
Es gibt zu wenige Finanzierungsmöglichkeiten. Als die Agrarbank (Banco Agrario) geschlossen wurde, versprach man uns, ländliche Genossenschaftskassen einzurichten. Doch bis jetzt ist nichts passiert.
Zusätzlich leiden wir unter den klimatischen Veränderungen durch die Regenwaldabholzung und unkontrollierbare Schädlingsplagen. Unsere Situation ist mehr als schwierig.
Wieviele Bauernfamilien sind betroffen?

Etwa 27.000 Familien.
Und deswegen wird mehr Koka angebaut?
Tag für Tag wird mehr Koka illegal geerntet.
Und an wen wird die Ernte verkauft?
An die illegalen Aufkäufer.
Also an die Drogenhändler?
Das ist sehr wahrscheinlich.
Wie wirkt sich die illegale Nachfrage aus?
Von 1975 bis 1980 steigerte sich der Anbau jährlich um 13,6%, von 1983 bis 1989 um 12,1%. Neuere Daten gibt es nicht, aber der Zuwachs ist beträchtlich.
Offiziell gab es 1975 5.130 Hektar Koka; 1989 waren es 15.426 Hektar. Nach Angaben des Landwirtschaftsministeriums steigerte sich die Kokaproduktion pro Jahr um 17,9 %, während die übrigen Agrarprodukte nur um 1,7 % zulegten.
...
Gegen Ende der 80er Jahre kamen ungefähr 14.900 Tonnen Koka außerhalb des legalen Marktes der ENACO (Staatliche Aufkaufbehörde für Koka) auf den Markt. Diese Koka gelangte in die Hände der Drogenhändler.

Quelle: La Republica, 27. Oktober 1993

1968-69 endgültig aus den Pächtern und Unterpächtern Eigentümer des Bodens, den sie bearbeiteten. Die landlosen Arbeiter der Latifundien wurden in Kooperativen zusammengefaßt und bekamen Land zugesprochen. Eine ganze Reihe von mittleren Latifundienbetrieben konnte die Agrarreform jedoch unbeschadet überstehen.

In den siebziger Jahren verlor die Migration ins La Convención-Tal an Attraktivität. Das Land der Großgrundbesitzer war verteilt; im Handels- und Dienstleistungsgewerbe boten sich für Neulinge weniger Verdienstmöglichkeiten. Lediglich die Nachfrage nach billigen Saisonarbeitern bestand nach wie vor weiter, vor allem von seiten der kleinen und mittleren Agrarbetriebe, den Ex-Pächtern. Die Militärregierung schaltete zur Vermarktung einiger Agrarprodukte staatliche Organisationen ein und legte die Preise amtlich fest.

Verfall der Welt-marktpreise für Kaffee und Kakao

In den achtziger Jahren verfielen die Kaffee- und Kakaopreise auf dem Weltmarkt. Im benachbarten Apurímac-Tal etablierten sich Drogenfabrikanten, deren enorme Nachfrage nach Koka-Blättern die Preise in die Höhe trieb.

In der Region gibt es seitdem zwei Preise für den Handel mit Koka: den Schwarzmarktpreis und den amtlich festgelegten Preis der staatlichen Vermarktungsgesellschaft ENACO.[5] Da keine Regierung Interesse daran hatte, daß die Bauern ihre Produktion den Schwarzhändlern verkauften, sorgte sie dafür, daß sich die Schere zwischen amtlichem Preis und Schwarzmarktpreis nicht zu weit öffnete. Die Preissteigerungen für Koka ermunterten die Bauern, ihre Produktion zu erhöhen und förderten ihren Bedarf an saisonalen und dauerhaften Arbeitskräften, da die Koka viermal im Jahr geerntet werden kann.

Koka-Anbau

In den achtziger Jahren setzte daher eine Migrationswelle in die Koka-Anbaugebiete ein, die sich immer weiter in Richtung tropischer Regenwald verlagerten. Viele MigrantInnen eigneten sich dort Parzellen an und machten diese für den Koka-Anbau urbar.

Migration nach Madre de Dios

Kautschuk-Migration

Das Madre de Dios-Gebiet wird zu mehr als 90% von tropischem Regenwald und an den Ostabhängen von immergrünem Höhenurwald bedeckt.

Während der Kolonialzeit waren alle Besiedlungsversuche gescheitert. Erst Ende des 19. Jahrhunderts strömten Kautschukhändler mit ihren Arbeitskräften in die Region und gründeten entlang der Hauptflüsse Handelsniederlassungen, aus denen sich die ersten Ortschaften wie Puerto Maldonado entwickelten. Die Kautschukmigranten bildeten eine ethnisch heterogene Bevölkerung aus Spaniern, Portugiesen, Brasilianern, Bolivianern, Engländern und sogar einigen Deutschen, die über Iquitos oder Manaus bis in dieses Gebiet vorgedrungen waren. Um 1908 brachte ein nordamerikanisches

Señor Ramirez aus Cusco, Besitzer eines Goldwäscherlagers am Rio Madre de Dios. Er war ein typischer Vertreter des andinen »Patron«, der seine enganche-Arbeiter als »seine Kinder« bezeichnete.

Der Flußhafen von Puerto Maldonado, Ausgangspunkt der Verschiffung in die Goldlager.

Kautschukunternehmen etwa 800 Japaner zur Bewirtschaftung der Kautschukposten nach Madre de Dios. Die Mehrheit der Arbeiter waren jedoch versklavte Amazonasindianer, die zum Teil aus Gebieten, die heute zu Kolumbien und Ecuador gehören, nach Madre de Dios verschleppt wurden. Die Kautschukhändler sahen in den indianischen Völkern des Tieflandes eher ein Hindernis für die Erschließung der Kautschukvorkommen. Sie gaben ihnen allenfalls als billige Arbeitskräfte eine Überlebenschance.

In den Jahren 1902–1915 integrierte die peruanische Regierung Madre de Dios in das Staatsgebiet. Die bis dahin ungeklärten Grenzen zu Bolivien und Brasilien wurden festgelegt, Verwaltungseinheiten gebildet (1912) und Verwaltungsinstanzen aufgebaut. 1908 eröffnete eine nordamerikanische Bergwerksgesellschaft den ersten Verkehrsweg über die Andenkordillere nach Madre de Dios. Der Weg begann an der Bahnstation Tirapata bei Juliaca in der Nähe des Titicaca-Sees und endete am oberen Tambopata-Fluß. Dort erfolgte der Weitertransport mit Booten. Die beschwerliche Reise dauerte fast einen Monat.

Nach dem Zusammenbruch des Kautschukhandels verließen die meisten Migranten das Gebiet von Madre de Dios. Die Verkehrswege verfielen. Der einzige bedeutende Ort blieb Puerto Maldonado mit kaum 500 Einwohnern (1924). Erst die Aufnahme des Flugverkehrs Ende der vierziger Jahre beendete die Isolation des Ortes.

Ausbeutung der Goldvorkommen in den dreißiger Jahren

Der Kautschukboom hatte unter der Hochlandbevölkerung kaum Migrationsbewegungen ins Tiefland ausgelöst. Erst in den dreißiger Jahren, als nach der Weltwirtschaftskrise der Goldpreis anstieg, erinnerte man sich der Seifengoldvorkommen der östlichen Täler der Provinz Quispicanchis im Departement Cusco – bereits die Inka hatten dieses Gold ausgebeutet.

Händler aus Cusco, Sicuani, Puno und Juliaca gründeten den Ort Quincemil und kontrollierten die Goldlager. Über »enganche«-Verträge warben sie in den andinen Dorfgemeinschaften saisonale Arbeitskräfte an. Mit den Jahren drangen die Goldsucher immer weiter abwärts in die Urwaldgebiete von Madre de Dios vor. Die Regierung förderte den Goldhandel durch den Bau der Straße Sicuani-Quincemil in den vierziger Jahren. 1961 wurde das letzte Teilstück nach Puerto Maldonado fertiggestellt. Die Straße wurde zum Einfallstor für die Hochlandmigranten. Die Goldwäscherei in den höher gelegenen Tälern sowie die Holz- und Paranußausbeute in den Gebieten um Puerto Maldonado boten saisonale Arbeitsmöglichkeiten.

Anfang der siebziger Jahre explodierte der Goldpreis an der Londener und New Yorker Börse. Die Unze Gold kostete 1975 161 US-$. Die Regierung sah eine Möglichkeit, die Devisenbilanz Perus durch den Goldexport zu verbessern und beauftragte die staatliche Bergbaubank mit dem Bau von Zweigstellen in den wichtigsten Goldwaschgebieten. Die Bank besaß das Monopol für den Goldaufkauf.

Prostituierte, die in den Goldlagern arbeitet. Sie wird in Gold bezahlt.

Die Aussicht auf »schnellen Reichtum« lockte Tausende von Goldsuchern nach Madre de Dios. Die Goldproduktion stieg rapide und wurde von der Bergbaubank für immer größere Millionenbeträge aufgekauft. Neben den Bankgebäuden bildeten sich schnell Bretterbudenorte mit Handels- und Dienstleistungsgewerbe für die Goldsucher. Der größte dieser Orte ist Laberinto.

1978 verkündete die Regierung das Gesetz zur Förderung der Goldproduktion. Bis dahin waren die Goldressourcen in Madre de Dios frei zugänglich gewesen.

»Goldboom«

In der Praxis handelten die Migranten nach dem Prinzip »wer zuerst da ist, hat das Recht ein Claim auszubeuten«. Nach dem neuen Gesetz mußte jedes Claim im Bergbauministerium in einem bürokratischen Verfahren im Kataster registriert werden. Das Gesetz begünstigte Spekulanten und wohlhabende Goldlager-Betreiber, die sich die Nutzungsrechte für großflächige Areale besorgten. Benachteiligt waren die andinen Migranten, meist Analphabeten ohne Kapital und politische Beziehungen. Im Bergbauministerium herrschte

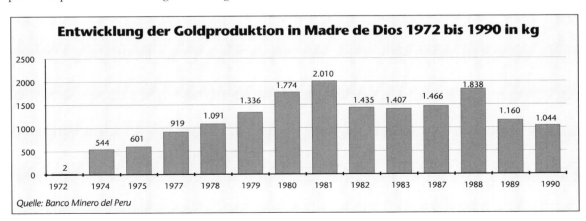

Entwicklung der Goldproduktion in Madre de Dios 1972 bis 1990 in kg

Jahr	kg
1972	2
1974	544
1975	601
1977	919
1978	1.091
1979	1.336
1980	1.774
1981	2.010
1982	1.435
1983	1.407
1987	1.466
1988	1.838
1989	1.160
1990	1.044

Quelle: Banco Minero del Peru

Bevölkerungsentwicklung Madre de Dios
(ohne saisonale Zuwanderer)

Quelle: Nationales Statistikinstitut, Lima

Korruption. Die neuen Claimbesitzer setzten ihre Interessen auch mit Gewalt durch.

Anfang der achtziger Jahre erreichte der Goldpreis mit 850 US-$/Unze seinen Höhepunkt. Seit Ende 1983 pendelte er sich dauerhaft unter 400 US-$ ein.

Das »Goldfieber« war vorbei.

Ende der achtziger Jahre spitzte sich die Wirtschaftskrise in Peru zu. Die Preise für Treibstoffe und industriell gefertigte Lebensmittel verdreifachten sich, während der Goldpreis auf dem Weltmarkt stagnierte. Die Regierung Fujimori löste 1990 die Bergbaubank auf und überließ den Goldankauf den informellen Händlern. Das Goldwaschen verheißt seitdem geringeren Verdienst. Der Geldumlauf in den Goldwäscherzentren ging drastisch zurück. Die Zahl der saisonalen Abwanderer in die Goldwäschergebiete nahm ab.

Die Stadt Puerto Maldonado als Verwaltungs-, Handels- und Dienstleistungszentrum der Region war seit Anfang der siebziger Jahre ein eigener Migrationspol für die Menschen aus den Anden. Die Zuwanderer schafften sich vorwiegend im informellen Handels- und Dienstleistungsgewerbe Arbeit. Durch den Goldboom war der Geldumlauf hoch. Die Geschäfte gingen gut. Bis Mitte der achtziger Jahre blieben die meisten Abwanderer nur während der Trockenzeit in der Stadt.

Das Ende des Goldfiebers

1984 besetzten die ersten Zuwanderer brachliegendes Land. Es bildete sich um die Stadt ein breiter Gürtel neuer Siedlungen.

Wichtigste Einkommensquelle ist der Straßenhandel. Er wirft allerdings immer weniger Gewinn ab. Um ihr Einkommen abzusichern, haben sich viele MigrantInnen neben dem Haus eine kleine Hühnerzucht eingerichtet und bebauen zur Selbstversorgung einen Garten. Die Männer suchen zeitweise in der Gold- oder Holzwirtschaft Erwerbsmöglichkeiten.

Arbeit und Abhängigkeit

Bei den andinen Migranten in den Goldwäschergebieten handelt es sich nicht um einheitliche sozio-ökonomische Interessensgruppen, die fähig sind, sich zur Erreichung übergeordneter politischer Ziele zusammenzuschließen, so wie die zugewanderten Bauern in La Convención. Soziale Kämpfe und politische Organisierung hatten allenfalls lokalen Charakter, waren zeitlich begrenzt und endeten gewöhnlich im Streit. Die Gründe dafür liegen in der saisonalen

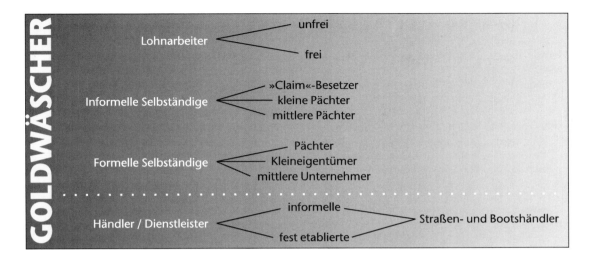

Beschränkung der Goldproduktion, der großen Fluktuation der Bevölkerung, der ungleichen Verteilung des Rohstoffes Gold und dem individuellen Streben nach schnellem Reichtum, die Mißgunst und Neid geradezu provozieren.

Die unfreien Lohnarbeiter

In einem unfreien Lohnverhältnis stehen die durch »enganche« angeworbenen Migranten. Sie werden in der Regel in Gruppentransporten – begleitet von ihrem »enganchador« – mit dem Linienflugzeug nach Puerto Maldonado und von dort per Boot zu dem 50 km entfernten Goldwäscherort Laberinto gebracht. Dort wird die Gruppe dem Auftraggeber übergeben, der für den Bootstransport zum Bestimmungslager sorgt.

Für andere Einsatzregionen ist der Transport mit dem Lastwagen billiger.

Die unter sechzehn Jahre alten Arbeiter werden zur Umgehung der Kontrollen generell mit Lastwagen verbracht.

Bis zur Beendigung des Vertrages, der in der Regel drei Monate gilt, ist es dem »enganche«-Arbeiter verboten, das Lager ohne Erlaubnis des Besitzers zu verlassen. Als Pfand muß er seinen Ausweis hinterlegen. Der Lohn wird erst nach Beendigung der Vertragsdauer ausbezahlt, abzüglich des Vorschusses des »enganchador«, dessen Kommission und der Reisekosten.

Bei einem Tageslohn von etwa vier US-$ (1990–92) machten die Kommission des »enganchadors« und die Reisekosten (hin) alleine einen Monatslohn aus.

**»Enganche«-
System**

Ein weiterer Monatslohn war für die Rückzahlung des Vorschusses bestimmt. Für die Rückkehr in seinen Heimatort kalkulierte der Arbeiter einen halben Monatslohn ein. Letztlich muß er froh sein, wenn er überhaupt einen geringen Überschuß mit nach Hause nehmen kann.

Da er während der drei Monate über kein Geld verfügt, ist er auf Einkäufe im Laden des Claim-Besitzers angewiesen, der ihm einen gewissen Kreditspielraum einräumt. Nicht selten rechnet der Besitzer seinem Arbeiter nach Ablauf der Arbeitsfrist vor, daß dieser ihm Geld schulde und von einer Auflösung des Arbeitsverhältnisses keine Rede sein könne.

Lebensbedingungen

Die Kosten für Unterkunft und Verpflegung der Arbeiter übernimmt der Arbeitgeber. Geschlafen wird auf Bettgestellen, über die mit Hilfe einer provisorischen Holzkonstruktion Plastikplanen gelegt werden. Das Essen besteht dreimal täglich aus verdünnter Suppe, Reis und Nudeln, die mit Fischkonserven vermischt werden. Dazu gibt es Kochbananen. An Sonntagen dürfen sich die Arbeiter mit Fischen ihre Mahlzeiten selbst aufbessern. Gearbeitet wird von Montag bis Samstag, offiziell nicht mehr als 40 Stunden die Woche. In den Lagern herrscht jedoch ein ausgeklügeltes Arbeitssystem, das sich nicht nach Arbeitsstunden, sondern nach Leistung richtet. Der Arbeiter muß eine Norm erfüllen. Zum Beispiel hat er täglich 180 Schubkarren mit Abraummaterial in den Waschkanal zu schütten. Das ist in acht Stunden kaum zu schaffen. Die Arbeit ist in Gruppen organisiert, sogenannten »cuadrillas«, die gemeinsam einen Waschkanal bedienen. Jeweils zwei bis drei »cuadrillas« werden von einem »capataz« überwacht, einem vom Besitzer eingesetzten Aufseher. Dieser verdient an der wöchentlichen Goldproduktion seiner »cuadrilla« einen gewissen Prozentsatz, in der Regel 20-25%. Bei schlechtem Wetter werden die Arbeiter mit Instandsetzungsarbeiten beschäftigt.

Einige Besitzer erlauben den Arbeitern, an Sonntagen auf eigene Rechnung Gold zu waschen. In Kleingruppen von drei bis vier Arbeitern können kaum mehr als 1-2 Gramm Gold erwirtschaftet werden. Aber die Arbeiter hoffen auf einen Glückstreffer.

Viele Arbeiter sind nach wenigen Wochen von der harten Arbeit und der schlechten Ernährung physisch geschwächt. Durchfall, Parasitose oder Grippe sind vergleichsweise harmlose Krankheiten. Rheumatische Schmerzen, Malaria und Leishmaniose[6] gelten als typische Berufskrankheiten. Häufig treten sie erst nach Rückkehr in die Heimatorte auf. Jährlich sterben zahlreiche Migranten an Gelbfieber, obwohl die staatlichen Gesundheitsstellen seit Jahren die Impfpflicht eingeführt haben.

Schlagzeilen aus den Zeitungen »El Comercio« und »La Republica« zur Ausbeutung von Kindern in den Goldwaschlagern, über den Verbleib von Verschwundenen sowie die ökologische Problematik des Goldabbaus für den Regenwald.

Die Besitzer zahlen in der Regel Medikamente und Behandlungskosten, wenn die Aussicht besteht, daß der Arbeiter kurzfristig wieder zur Verfügung steht. Sie stellen ihm die Kosten später in Rechnung. Bei schweren Krankheiten und Unfällen entledigt man sich der Betreffenden, indem man sie mit einer kleinen Abfindung nach Puerto Maldonado oder Cusco bringt. Im Lager verstorbene Arbeiter werden ohne Formalitäten in der Nähe vergraben. Jedes größere Lager hat einen »heimlichen« Friedhof, auf dem auch Opfer von Gewalttaten begraben werden.

Die freien Lohnarbeiter

Die freien Lohnarbeiter arbeiten unter den gleichen Bedingungen, suchen sich aber vor Ort ihren Arbeitgeber selber und brauchen keinen »enganche«-Schuldenberg abzutragen. Die meisten haben einmal als enganche-Arbeiter angefangen.

Informelle Selbständige

Ehemalige Lohnarbeiter, die meist über jahrelange Berufserfahrung verfügen, machen sich als informelle Goldsucher selbständig. Sie lassen sich »über Nacht« in kleinen Gruppen an den Flußufern nieder und betreiben mit einfachsten technischen Mitteln die Goldausbeute. Sie brauchen ein gewisses Anfangskapital, zum Beispiel zum Kauf von Eimern, Quecksilber, Schubkarren und Lebensmitteln. Charakteristisch für diese Gruppe ist, daß sie sich selbst ausbeuten, um in kurzer Zeit möglichst viel Gold auszuwaschen. Sie laufen jederzeit Gefahr, von einflußreichen Claimbesitzern von ihren Standorten vertrieben zu werden.

Formelle Selbständige

Diese Goldwäscher haben als Informelle angefangen. Sie konnten ihr Kapital aufstocken und sich eine bessere Ausrüstung anschaffen. Sie erwarben legale Nutzungsrechte oder sind als Pächter für mittelgroße Unternehmer tätig. Sie stellen selber Lohnarbeiter an.

Als »mittlere Unternehmer« werden Migranten bezeichnet, die in teils beträchtlichem Umfang Nutzungsrechte erwarben. Sie beschäftigen zahlreiche Lohnarbeiter und arbeiten mit Vorarbeitern und Pächtern zusammen. Viele bedienen sich des »enganche«-Systems.

Staatlich gelenkte Migration

Im Vergleich zu anderen Regionen des peruanischen Tieflandes war die gelenkte Migration nach Madre de Dios nur von begrenzter Bedeutung und beschränkte sich im wesentlichen auf die Grenzgebiete zu Brasilien. In den Jahren 1982-87 siedelte die Regierung etwa 2.000 Familien aus dem andinen Hochland an. Im Konzept der Regierung hatten diese Menschen vor allem eine strategische Aufgabe als »lebende Grenze«: Sie sollten die dünn besiedelten Grenzgebiete vor einer schleichenden Besiedlung durch brasilianische Armutsmigranten schützen und gleichzeitig eine kulturelle Barriere gegen das Vordringen der portugiesischen Sprache und der brasilianischen Lebensformen bilden.

Die Siedler erhielten großzügig Land im Regenwald geschenkt, Eingliederungshilfen und billige Kredite zum Kauf von Saatgut und Zuchttieren. Aber das Regierungsprojekt – finanziert durch Kredite der Interamerikanischen Entwicklungsbank – erwies sich als Reinfall. Die Hochlandbauern hatten von tropischer Landwirtschaft keine Ahnung. Für die geringen Ernteerträge gab es keine lohnenden Absatzmärkte. Die Investitionen in Maschinen, Geräte und Saatgut waren teuer. Die Kredite konnten nicht zurückbezahlt werden. Die meisten der »staatlich gelenkten Siedler« hatten ihr gesamtes Hab und Gut in ihrem Heimatort verkauft.

So blieb ihnen nichts anderes übrig, als in den Randvierteln von Puerto Maldonado oder in den Goldwäscherzentren aufs neue ihr Glück zu suchen. Eine größere Zahl ging als illegale Einwanderer nach Brasilien und fand Arbeit auf den Rinderfarmen oder in der Agroindustrie des Bundesstaates Acre.

Anmerkungen

1 1980 befand sich bereits 90% des La Convención-Tals im Besitz der »Hacendados«.

2 Enganchador = Arbeitskräfteanwerber; siehe auch Grafik zum Enganche-System.

3 Vgl. Fioravanti, Eduardo: »Latifundio y Sindicalismo Agrario en el Peru«. Lima: IEP. 1976.

4 1961 gab es in der La Convención-Region 176 Hacendados; 9 von ihnen besaßen fast 60% der gesamten landwirtschaftlich genutzten Fläche. Ihnen gegenüber standen etwa 11.000 Pächter und Unterpächter mit ihren Familien (Fioravanti,1976:26ff.)

5 ENACO = Empresa Nacional de la Coca.

6 Tropische Krankheit.

»Ayacuchano huerfano pajarillo«

»Ayacuchaner, Waisenvogel,
zu was bist Du in fremde Länder gekommen?
Heb' Deinen Flug, laß uns nach Ayacucho gehen,
wo Deine Eltern Deine Abwesenheit beweinen!
Was hat Dir in Deinem armen Heim nur gefehlt?
Umarmungen und Zuneigung hast Du genug gehabt!
Nur die Armut mit ihrer Ironie
hatte Dich in ihren Krallen gehalten.
Refrain:
Ay. Schwarze, ay Zamba,
Wer wird nur Dein Besitzer sein, später,
morgen, wenn ich fortgehen werde?«

Huayno aus Ayacucho, wird überall gesungen. Er ist eine Art Nationalhymne der Ayacuchaner,
die sich wegen ihrer Armut immer gezwungen sahen, abzuwanden.

Herr Atassi aus Paruro in Lima. Er kam als kleiner Junge nach Lima und stieg als Textilfabrikant und Besitzer von
zwei Textilgeschäften auf.

»Hier in Lima ist das Leben eine Herausforderung. Wer aus der Provinz stammt, muß Kapital aus seiner Jugend schlagen.«

MigrantInnen erzählen aus ihrem Leben

Annette Holzapfel und Interviewpartner

Vorbemerkung

Die Belastungen, die aus der Migration entstehen, sind zweifellos für die MigrantInnen selbst am größten. Wer daheim glücklich ist oder wer nicht fest daran glaubt, daß sich seine Situation langfristig nur verbessern kann, der geht nicht fort, um sich extrem schwierigen Bedingungen auszusetzen. Andererseits suchen die Migranten nach minimalen Absicherungen. Verwandte und Paten, Freunde oder Landsleute spielen für das Fortgehen und bei der Arbeitssuche eine wesentliche Rolle.

Wie vielfältig die Lebensgeschichten der MigrantInnen sein können, zeigen die folgenden Berichte. Manche erzählten uns, daß das Leben für sie so unerträglich geworden war, daß sie sich bereits als Kinder entschlossen, Familie und Dorf zu verlassen, um in der Fremde ein besseres Leben zu suchen. Insbesondere für Mädchen und Frauen war die Entscheidung von großen Schwierigkeiten begleitet, bedeutete jedoch gleichzeitig mehr Unabhängigkeit und Selbständigkeit.

Die Beziehungen zur Heimat und zu den Landsleuten in der Stadt sind sehr unterschiedlich. Die einen suchen Kontakt, andere halten Distanz.

Viele von denen, die bereits als Kinder abwanderten, waren bei ausländischen Familien beschäftigt und erlebten diese als sehr freundlich. Manche arbeiteten für Familien, deren Kinder ins Ausland gingen. So verbreitete sich die Idee, auch selber einmal das Glück im Ausland zu suchen.

Rosa Pumachoque

Rosa stammt aus einem Dorf im Departement Cusco. In Lima beteiligte sie sich an einer Landbesetzung und lebt heute mit ihren beiden Kindern in einem großen Stadtviertel.

» Meine Mutter bekam mich, als sie vierzehn, also noch ein kleines Mädchen war. Ich glaube, ihr Arbeitgeber vergewaltigte sie. Deshalb bin ich nicht anerkannt. Ich kenne meinen Vater nicht. Von meiner Mutter und meinem Stiefvater wurde ich viel geschlagen; und er schlug meine Mutter, wenn er betrunken war. Ich habe nicht das Leben eines normalen Mädchens gehabt.

Meine Mutter war nie zur Schule gegangen. Sie sagte, Frauen brauchten keine Ausbildung, nur Männer.

Ich hätte gerne meine Mittelschule beendet. Mein Traum war, Hebamme oder Ärztin zu werden.

Mit neun Jahren kam ich nach Lima. Ich dachte, daß ich mich so vor meiner Familie retten könne. Ich kam ja aus einer armen Bauernfamilie. Angesichts von soviel Hunger und Not sagte ich mir: ›Ich fahre in die Hauptstadt, und da öffne ich mir einen Weg. Und weil ich die Älteste bin, werde ich dann meine ganze Familie aus dem Elend ziehen.‹ Ich stellte mir vor, daß in Lima viele Menschen leben und es dort viel Geld gibt. Ich dachte, das Leben sei dort leicht, so wie man sich heute die Vereinigten Staaten vorstellt. Leider war aber das Glück nicht auf meiner Seite: Ich wurde sehr schlecht behandelt. Mein Patenonkel und meine Patentante, die Gutsbesitzer sind, nahmen mich mit nach Lima. Sie hatten mir gesagt, daß ich dort nur auf ihr Baby aufpassen sollte. Aber ich mußte hart arbeiten und bekam kein gutes Essen. Ich wurde häufig geschlagen und durfte nicht in die Schule gehen. Noch heute weine ich manchmal und sage zu mir selbst: ›Wie konnte ich es zulassen, daß man mich so ausbeutete!‹ Niemand glaubt mir, wie schlecht man mich behandelte. Mein Patenonkel, den ich mit ›Vater‹ anredete, versuchte sogar, mich zu vergewaltigen.

Ich wußte nicht einmal, was ein Spaziergang war. Ich lebte wie eine Sklavin. Unterdessen starb meine Mutter, als ich 14 Jahre alt war. Zwei Wochen später kehrte ich in meine Heimat zurück.

Später lernte ich den Vater meiner Kinder kennen. Ich klammerte mich an ihn, um auszubrechen und mit ihm zu fliehen. Er besorgte mir eine Arbeit. Ich wollte aber nicht mit ihm zusammenleben; ich wollte keine Familie gründen.

Dennoch lebte ich seit dem Tag, an dem er mich aus der Gewalt meiner Pateneltern befreit hatte, mit ihm zusammen. Aber wir verstanden uns nicht. Ich wollte nicht mit ihm zusammensein. Ich war ihm dankbar, aber er zog mich nicht an. Gegen meinen Willen mußte ich mit ihm zusammenbleiben. So wurde er der Vater meiner Kinder.

Mit zwanzig war ich zum zweiten Mal schwanger. Ich kehrte zum zweiten Mal in meine Heimat zurück. Meine Großmutter lebte damals noch, und viele Verwandte von mir waren dort. Sie bereiteten mir einen überschwenglichen Empfang. Wir weinten. Ich spürte, daß ich sie gerne hatte; aber ich konnte mich nicht mehr an das Dorfleben gewöhnen. Essen und Klima bekamen mir nicht.

Jetzt würde ich nicht mehr zurückkehren, denn meine beiden Kinder sind völlig auf das

Migrantin, Mitarbeiterin in einer Chicheria – einer Maisbierkneipe – in Cusco.

Leben hier in Lima eingestellt. Ich arbeite, damit meine Kinder es besser haben. Hier leben Menschen, die ich liebgewonnen habe. In Cusco habe ich niemanden mehr. Meine Großmutter ist gestorben. Ich habe keine Mutter mehr. Mein Haus ist alt. Meine Onkeln und Brüder verwalten das Land, das wir von der Großmutter geerbt haben. Es reizt mich nicht, dort Land zu besitzen. Vielleicht würde ich gerne zurückkehren, wenn ich die Feldarbeit gewohnt wäre, denn hier in Lima gibt es keine Zukunft. Auf dem Land kann man mit dem überleben, was man anbaut.

Meine echten Freundinnen kann ich an ein paar Fingern abzählen. Sie stammen allerdings nicht aus meiner Heimat, sondern aus dem Tiefland. Wir haben gemeinsam traurige und fröhliche Zeiten erlebt.

Mit meinen Landsleuten habe ich keinen engen Kontakt, aber ich weiß, daß sie großes Glück hatten. Allerdings vertun sie gute Gelegenheiten, indem sie nichts für unser Dorf unternehmen. Wenn sie hier unsere heimatlichen Feste feiern, dann stellen sie dabei nur ihren Reichtum zur Schau. Wenn es mir besser gegangen wäre und ich mit meinem Geschäft soviel verdient hätte wie sie – ehrlich –, dann hätte ich etwas für unser Dorf getan: Ich hätte eine Schule oder einen Gesundheitsposten gebaut.

Der Vater meiner Kinder wollte immer nur zur Miete wohnen. Er hatte mir zwar ständig versprochen, ein Grundstück zu kaufen. Aber es waren leere Versprechungen. So habe ich mich an einer Landbesetzung beteiligt. Und ich bereue es nicht. Ich fühle mich gewissermaßen erleichtert. Meine Kinder können auf dem eigenen Grundstück frei herumtoben, ohne daß sich jemand beschwert. Niemand stört uns. Deshalb nehme ich auch alle Verantwortung auf mich. Für meine Kinder beteilige ich mich an allen Gemeinschaftsarbeiten und zahle alle Gebühren. Jetzt brauche ich mir von meinem Mann nichts mehr sagen zu lassen.

Wenn ich ihm früher vorwarf, daß er unmoralisch sei und er mir das Haushaltsgeld für die Kinder geben solle, entgegnete er mir, daß er kommen könne, wann er wolle. Er bezahle ja schließlich die Miete.

Dadurch, daß ich hierher gekommen bin, habe ich mich befreit. Obwohl ich hier sehr gelitten habe. Ich habe unter den Unterstellungen der Leute gelitten. Sie erzählten, ich sei die Geliebte eines verheirateten älteren Mannes. Sie dachten, mein Mann sei mit einer anderen Frau verheiratet und ich sei seine Geliebte. Ich habe sehr viele Erniedrigungen erdulden müssen! Die Leute sind so heuchlerisch!

Jetzt geht es mir besser, denn die Bevölkerung wählte mich dennoch zur Vertreterin. Es tauchten sogar Leute auf, die behaupteten, sie seien Verwandte von mir. Wahrscheinlich haben sie meinen Namen im Lautsprecher gehört.

Ich bin jetzt ein gebildeter Mensch: Ich machte eine Ausbildung und bin qualifizierte Schwesternhelferin.«

Migrantin mit ihren Kindern in Cusco, Marktstandbesitzerin.

Edilberta

Edilberta wurde in einem Dorf in der Umgebung von Cusco geboren. Als Kind verließ sie ihre Familie, weil ihre Eltern ihr nicht erlaubten, die Schule zu besuchen. Heute lebt sie mit ihrem Mann und ihren drei Kindern in einem Stadtviertel in Cusco.
Auf dem Tagesmarkt hat sie einen festen Verkaufsstand für Salz. Wenn sie einmal in der Woche in ihr Dorf fährt, um Salz und selbstgestrickte Babykleidung zu verkaufen, bringt sie von dort Gemüse oder Kartoffeln für den Markt mit.
Einer Krankenschwester, die ihr krankes Kind untersuchte, erzählte sie jedoch, sie verkaufe als ambulante Kleinhändlerin Waschmittel, eine Tätigkeit, bei der man wenig verdient.

Das habe ich erzählt, um eine Chance zu erhalten, in das Programm der staatlichen Nahrungsmittelhilfe des Gesundheitspostens aufgenommen zu werden. Allerdings ist auch der Salzverkauf sehr gesunken; die Kundschaft schrumpft immer mehr.

Mein Mann, der auf dem Markt Kleidung für Kinder und Erwachsene anbietet, verdient ebenfalls nicht mehr so gut. Es denkt sogar daran, das Warenangebot zu ändern, denn wegen der Wirtschaftskrise sind die Preise gesunken.

Mein Mann ist aus der Provinz Paruro und kam als ganz kleiner Junge nach Cusco. Er war Waise. Seine Großeltern hatten ihn aufgezogen. Als Kind verkaufte er Eis. Er hat auch in Arequipa gearbeitet. Er möchte, daß unser zwölfjähriger Sohn studiert. Sobald er die Sekundarschule beendet hat, soll er in Kuba oder in der Sowjetunion die Universität besuchen (1989). Mein Mann hat ein paar Freunde, die ihre Kinder zum Studium bereits dorthin geschickt haben. Er hofft, daß sie ihm helfen werden, damit unser Sohn auch dort studieren kann. Wenn er in Kuba oder in Rußland studiert, wird er vielleicht dort heiraten und dableiben.«

Urbino

Urbino wuchs in einem Dorf in Acomayo, einer der ärmsten Provinzen des Departements, auf. Seine Eltern schickten ihn als Kind nach Cusco in die Schule. Heute lebt er mit seiner Frau und seinen beiden Kindern in einem Stadtviertel von Cusco.

Für unser Trinkwasser haben wir in unserem Viertel alle zusammen ein Jahr lang an einer acht Kilometer langen Leitung gearbeitet. Ein holländisches Hilfswerk hat uns dabei unterstützt. Jetzt brauchen wir Unterstützung für den Bau von asphaltierten Straßen.

Der Rat erinnert sich nicht an die Viertel in den äußersten Ecken der Stadt. Er wird sich niemals an uns erinnern. Wir werden einfach vergessen.

In unserem Viertel halten wir uns an das, was in den Gemeindeversammlungen beschlossen wird. Und weil wir uns einig sind, haben wir demonstriert und waren erfolgreich. Wir haben erreicht, daß man uns beachtet. Allerdings ist es auch zu Zusammenstößen mit der Polizei gekommen, und man hat Wasserwerfer gegen uns eingesetzt. Wir haben gekämpft.

Unsere gewählten Vertreter marschieren immer ganz vorn. Wenn unsere gewählten Vertreter eine Versammlung einberufen, dann gehen wir alle hin.

Migrant in Cusco vor seinem Haus

Als ich sechs Jahre alt war, kam ich zu Verwandten hier nach Cusco. Ich kam, um die Schule zu besuchen. Meine Eltern hatten mich geschickt. Ich fühlte mich seltsam. Ich sah Dinge, die ich nie zuvor gesehen hatte. Zum ersten Mal in meinem Leben sah ich Autos, und ich erschrak fürchterlich.

Ich erinnere mich an das Fleisch, das wir im Dorf aßen, an die Milch, die wir tranken. Schön ist das Dorfleben! Mein Vater ließ es mir an nichts fehlen: weder an Nahrung, noch an Taschengeld. Gemeinsam mit meinem Cousin hütete ich die Schafe. Wir verbrachten unsere Kindheit zusammen. Dann zogen wir beide nach Cusco. Doch nach zwei Monaten wurde er ein völlig anderer Mensch: Er prügelte mich und kam abends sehr spät nach Hause; und ich mußte vor dem Haus auf der Straße auf ihn warten. Er traf sich mit seinen Freunden, ging zu Festen, und ich war draußen in der Kälte.

So verließ ich das Haus und suchte mir eine Arbeit. Ich arbeitete als Tellerwäscher. Ich litt sehr. Vier Jahre später suchte ich mir dann eine andere Arbeit. Deshalb bin ich auch nicht zur Schule gegangen.

Danach arbeitete ich als Lastwagenfahrer. Man vertraute mir den Lastwagen an. Ich fuhr Waren nach Puerto Maldonado, durfte aber keine Passagiere mitnehmen. Weil aber das Auto nicht mein eigenes war, pflegte ich es nicht sehr und nahm einfach Passagiere mit. Das Geld, das sie mir dafür bezahlten, sparte ich. So brachte ich es zu einem kleinen Kapital.

Mit diesem kleinen Kapital begann ich mein Geschäft, und es ging mir gut. Ich röstete Kaffee, füllte ihn in Tüten ab und verkaufte ihn. Ich besitze eine Röstmaschine mit Mühle. Den Kaffee bringen Händler aus Quillabamba nach Cusco.

In der letzten Zeit ist das Geld, das ich verdiene, wegen der starken Preissteigerungen nicht mehr viel wert. Ich denke daran, in mein Dorf zurückzukehren, Vieh zu züchten, auf dem Feld zu arbeiten. Dort ist die Ernährung besser: Es gibt Fleisch, Käse und Milch. Meine Kinder müßten sich allerdings an das Landleben gewöhnen. Inzwischen gibt es in meinem Dorf auch eine Sekundarschule. Außerdem wäre es ja nicht für immer und nicht für ständig. Wir würden eine Zeit lang dort und eine Zeit lang hier in Cusco sein. Schließlich haben wir ja hier unser Haus.

Auf dem Feld zu arbeiten, macht mir nichts aus; ich bin daran gewöhnt. Erst vor kurzem habe ich im Dorf meiner Frau Kartoffeln ausgemacht. Man muß von Anfang an dabei sein: von der Aussaat an, dann beim ersten und beim zweiten Schaufeln. Von der Ernte bringst du dir dann Kartoffeln, kleine Maiskolben, Bohnen und Weizen mit. Ich mache das, damit es uns im Haushalt an nichts mangelt, denn diese Lebensmittel sind auf dem Markt zu teuer.

Wir haben uns hier zu mehreren jungen Männern zusammengetan. Seit einiger Zeit tanzen wir als Qhapaq Colla zu Ehren der Jungfrau Maria und des Herrn von Torrechayoq. In diesem Jahr haben wir auf Maria Empfängnis getanzt und sind zum Herrn von Qoyllur Rit'i gepilgert.

So sind wir an unser Haus gekommen. Ich habe nie an Wunder geglaubt. Aber als ich vor fünf Jahren mit meiner Frau zum Herrn von Qoyllur Rit'i pilgerte, haben wir uns im Spiel ein Haus gekauft. Dieses Spielzeughaus haben wir in der Messe vom Pater segnen lassen. Danach hat man uns dieses Haus hier in Cusco angeboten. Der Eigentümer kehrte für immer in seine Heimat zurück, deshalb wollte er das Haus nicht mehr.

Weil wir nicht genug Geld hatten, mußten wir zu all unseren Verwandten und Bekannten laufen und um Geld bitten. Mit Gottes Segen bekamen wir schließlich das Geld zusammen und konnten das Haus kaufen.

Hier in Cusco leben mehr als fünfzig Personen aus meinem Dorf. Leider halten wir nicht zusammen. Wir fahren auch nicht gemeinsam zu den Dorffesten. Wir verdienen alle wenig. Und weil wir arm sind, können wir unser Dorf nicht unterstützen.

Ich möchte, daß es meiner Familie gut geht. Ich möchte dieses Haus, in dem wir wohnen, fertig bauen. Und ich hätte gerne einen Farbfernseher und eine Musikanlage, damit wir an unseren Geburtstagen tanzen können.«

Frau Quispe in Cusco; sie verarbeitet heimische Schafswolle

Francisca Quispe aus der Provinz Acomayo

Francisca ist in einem Dorf geboren. Heute lebt sie mit ihrem Mann und ihren beiden Töchtern in einem Stadtviertel von Cusco.

» Mein Dorf gefällt mir. Da gibt es viele Tiere. Ich hütete das Vieh. Dort gibt man kein Geld aus, sondern ißt das, was auf den Feldern wächst.

Ungefähr einmal im Jahr oder alle fünf Monate fahre ich dorthin. Dann nehme ich alles mit, was sie mir geben. Meiner Mutter bringe ich Koka, Zucker, Reis und andere Dinge aus der Stadt mit.

Hier in Cusco leben auch noch andere Landsleute, aber sie wohnen weit weg; wir besuchen einander nicht.

Mit 17 Jahren kam ich hier nach Cusco. Eine Lehrerin aus meinem Dorf brachte mich hierher, um mich nach Lima zu schicken. Sie sagte zu mir: ›Du wirst nach Lima fahren, nur für zwei Wochen! Da wird es dir gut gehen. Du wirst Geld verdienen und dich hübsch kleiden, wie es dir gefällt.‹

In Lima habe ich meine Heimat überhaupt nicht vermißt. Bei einer Familie in Chacarilla de Estanque (eines der reichsten Viertel der Hauptstadt) arbeitete ich als Hausmädchen. Mein Arbeitgeber war ein pensionierter General. Seine Tochter lebte in den Vereinigten Staaten und sein Sohn reiste später auch in die USA.

Vier Jahre bin ich in Lima gewesen. Die Parks haben mir gefallen. Die Frau behandelte mich wie ihre eigene Tochter und ihr Haus war mein Zuhause. Es ging mir sehr gut.

Dann erhielt ich einen Brief von meiner Mutter, in dem sie mir schrieb, daß sie krank sei. Das war aber gelogen. Der ganzen Familie ging es gut. Ich blieb nur drei Wochen bei meiner Mutter. Dann fuhr ich nach Cusco und arbeitete wieder als Hausangestellte. Aber es war nicht so wie in Lima; ich wurde schlecht behandelt.

Dann lernte ich meinen Mann kennen. Daher konnte ich nicht mehr zurück nach Lima.«

Demetrio Laurel aus Colcha in der Provinz Paruro*

Demetrio fährt einen BMW und besitzt ein großes Haus in San Martín de Porres in Lima. Er ist Eigentümer einer Schuhwerkstatt und beschäftigt acht Arbeiter. Seine Lederwaren verkauft er in zwei Geschäften, die ihm beide gehören.

» Vom fünften bis zum siebten Lebensjahr lebte ich in Colcha. Jede Generation hat ihre Träume. Lima zog schon früher die Jugend aus Colcha an. Wenn Geschwister, die in

* Demetrio Laurel starb im September 1994.

Herr Laurel in seiner Schuhfabrik. Häufig werden hier Landsleute eingestellt.

Lima lebten, das Dorf besuchten, sagten sich die Leute im Dorf: ›Warum kann ich nicht auch dorthin und diese Stadt kennenlernen?‹

Inzwischen bleiben die meisten Jugendlichen, die abwandern, in Cusco, ziehen nach Arequipa oder gehen als Goldsucher nach Maldonado.

Viele von denen, die nach Lima kommen, stolpern, weil sie kein Kapital aus ihrer Jugend schlagen. Hier in Lima ist das Leben eine Herausforderung. Wer aus der Provinz stammt und kein Kapital aus seiner Jugend schlägt, indem er arbeitet und studiert, der holt die verlorene Zeit niemals mehr nach. Denjenigen, die in ihrer Jugend hart gearbeitet haben, geht es heute gut. Sie besitzen eine Fabrik oder ein Geschäft.

Die Person, die mich mit nach Lima nahm, brachte mich bei meinem Arbeitgeber unter. Ich hatte keinerlei Vergnügungen.

Als einziger von mehreren Freunden hielt ich durch: Morgens ging ich arbeiten und nachmittags zur Schule. Abends machte ich meine Hausaufgaben. Ich beendete die Handelsschule und erwarb dadurch buchhalterische Kenntnisse. Dann besuchte ich eine Berufsschule und erlernte das Schusterhandwerk – also noch einen zweiten Beruf – in einer Privatschule. Diese Ausbildung verhalf mir zum Erfolg, denn ich bin begabt für der Herstellung von Schuhen und Handtaschen.

Oft aß ich eine Woche lang nichts als Brot und Avocados. Das lehrt einen, das Opfer, das man bringt, zu werten.

Zuerst arbeitete ich als Kehrer in einem Schuhgeschäft im Stadtzentrum, dann fegte ich eine Werkstatt, später wurde ich Arbeiter in einer Schuhfabrik. Gleichzeitig wurde ich Mitglied in einer Spargenossenschaft. Später bat ich um einen Kredit, der dreimal so hoch war wie die Summe, die ich in all den Jahren eingezahlt hatte.

Ich kaufte mir von dem Kredit zuerst eine Maschine und einen Schuhspanner. Als sich die Schuhe gut verkauften, investierte ich und kaufte neue Maschinen.

Nur wenige Migranten bringen es zu etwas. Die meisten lieben es, Feste zu feiern und Bier zu trinken. Sie lieben zu sehr das Vergnügen.

Seitdem ich ein erfolgreicher Schuhmacher geworden bin, gibt es noch zwei weitere Landsleute, die meinem Vorbild folgten.

Zum Glück mußte ich trotz der Wirtschaftskrise keinen Arbeiter entlassen. Die Zahl der Kunden hat sich jedoch durch den Preisschock enorm verringert. Peru ist ein großes Unternehmen, und wer das Land regiert, muß vom Unternehmertum etwas verstehen. Kürzlich wurden wir einem Landsmann (er war damals Vizeminister) im ›Club Cusco‹ vorgestellt. Ich hatte aber dort keine Gelegenheit, ihn zu sprechen.

Unser Heimatverein will den Vizeminister aufsuchen und ihn um Hilfe bei der Stromversorgung unseres Dorfes bitten, denn ich fürchte, daß das Elektrizitätsprojekt, für dessen Finanzierung wir zahlreiche kulturell-sportliche Aktivitäten durchgeführt haben, scheitern wird; der finnische Botschafter scheint nicht mehr bereit zu sein, uns noch zu unterstützen.

Gemeinsam mit anderen colchenischen Kleinunternehmern finanziere ich in ›Radio Agricultura‹ eine Sendung für unsere Heimat, die jeden Abend von zehn bis halb elf ausgestrahlt wird. Ab und zu spreche ich dort auch selbst.

Da ich zur Zeit Vorsitzender des colchenischen Heimatvereins bin, muß mein Benehmen vorbildlich sein. Ich darf mich nicht betrinken; sonst wäre ich kein gewählter Vertreter, sondern irgend jemand, eben nur ein Bauer.

Mein Amt verursacht mir keine wirtschaftlichen Probleme. Da ich Angestellte habe, die für mich einspringen und denen ich Verantwortung übertragen kann, habe ich Zeit für mein Amt.

Meinen Landsleuten möchte ich sagen, daß sie den Mut nicht verlieren sollen, denn die Sonne kommt für alle zum Vorschein. Es ist besser, sich erst zu vergnügen, wenn man seine Fundamente gesetzt hat, wenn die Arbeit Früchte trägt. Diejenigen, die keinen Erfolg haben, das sind diejenigen, die sich nur vergnügt haben und nicht daran gedacht haben, etwas zu schaffen. Da liegt die Ursache.«

Elsa aus dem Departement Apurímac

Elsa lebt heute mit ihrem Mann und ihren Kindern in einem großen Elendsviertel in Lima und wünscht sich eine Gelegenheit, ins Ausland zu migrieren.

Als wir heirateten, hatte mein Mann eine Stelle bei der Luftwaffe; sechs Jahre hat er dort gearbeitet. Dann wurden 160 Personen entlassen. Mein Mann war damals noch sehr jung und ich war erst 16; ich konnte noch nicht denken. In San Antonio besaß ich ein eigenes Grundstück. Dort hatte ich meine Sachen. Mein Mann sagte zu mir: ›Laß uns in unsere Heimat gehen!‹

Mein Mann war ausbezahlt worden. So verkauften wir alle meine Sachen und fuhren in mein Dorf.

Als wir dort ankamen, gab es keine Arbeit.

Ich war mit vierzehn nach Lima gekommen und konnte mich nicht mehr an das bäuerliche Leben und an die Feldarbeit im Hochland gewöhnen. Dort gibt es noch nicht einmal Frühstück. Um sich Zucker und Brot zu kaufen, braucht man Geld. Klar, dort ißt man morgens Kartoffeln, Mais und Kartoffelmehl. Aber unsereins ist eben an ein städtisches Frühstück gewöhnt. Wir brauchten das ganze mitgebrachte Geld auf. Meine Kinder hatten nichts mehr zum Anziehen und keine Schuhe mehr. Hier in Lima kann man sich Kleidung kaufen, dort aber nicht.

Aus diesen Gründen kamen wir nach Lima zurück.«

In einem der Schuhgeschäfte von Herrn Laurel.

César aus der Provinz Paruro

César lebt heute mit seiner Frau und seinen Kindern in einem Stadtviertel in Cusco.

Seit meinem achten Lebensjahr bin ich Waise. Ich habe keine Geschwister. Ich mußte für meine Mutter sorgen. Ich kam nach Cusco, um zu arbeiten. Ein kleiner Schulfreund von mir war schon früher nach Cusco gekommen und arbeitete hier. Er half mir bei der Einschreibung an einer Abendschule und nahm mich zu seiner Arbeit mit, ins ›Hotel Ollanta‹ auf der ›Sonnenallee‹. Wir waren wie Brüder. In der Schule hatten wir zusammen gerösteten Mais gegessen.

So begann ich, in der Hotelküche zu arbeiten. Und wenn ich ins Dorf zurückkehrte, schleppte ich riesige Säcke für meine Mutter mit: Zucker, Brot, Salz, Kerosin; alles, was man dort brauchte.

Es gab damals keine Straße und ich kam erst um Mitternacht an.

Meine Mutter besaß viele Hühner und Schweine; sie hatte Eier und stellte Käse her. Von all dem brachte sie nach Cusco, wenn sie mich besuchte, um es meiner Arbeitgeberin und meinen Freunden zu schenken.

Eines Tages hatte ich heftige Bauchschmerzen. Ich wurde zum Arzt gebracht. Ich hatte eine Darmentzündung. Die Arbeit in der Hotelküche war nichts für mich. Wenn ich mich weiter in der Hitze des Herdes aufhalten würde, sei eine Operation unvermeidlich, meinte der Arzt. Er empfahl mir, eine andere Arbeit zu suchen. Daraufhin verließ ich das Hotel.

Einmal half ich einer Dame, die auf dem Markt sehr viel eingekauft hatte, ihre Sachen in den Lieferwagen hinaufzuheben. Sie brachte mich zum Haus eines Ausländers. Er fragte mich: ›Kindchen, möchtest du bei mir arbeiten? Wir haben eine Herberge in Madre de Dios (Tiefland), ein schöner Ort. Kannst du kochen?

Solltest du dich nicht an das heiße Klima gewöhnen, dann kommst du einfach nach Cusco zurück. Du bringst dir Kaffee und Kakao mit. Es gibt dort viele Tiere. Und Fische. Es wird dir gefallen.‹

›Gut, lassen Sie uns hinfahren‹, sagte ich, ›ich bin schließlich ungebunden.‹

Ein schönes Leben war das dort für ein Kind: einmal am Tag badete ich im großen Fluß; ich nahm das Machete mit, zog mir Stiefel an, nahm meinen Karabiner und ging in den Wald. Es gab dort viele Affen und Papageien. Es gefiel mir und ich dachte nicht daran, zurückzukehren. Ich kochte für den Herrn und bereitete das Mittagessen für die Besucher vor, die aus Deutschland und aus anderen Ländern kamen: fünfzehn, zwanzig Personen.

Sie vermachten mir Kleidungsstücke und fotografierten mich. Sie mochten mich so sehr, daß sie mir sogar Geld gaben: fünf oder zehn Soles. Ich lernte, mit dem Motorboot und mit dem Kanu zu fahren.

Aber während ich dort arbeitete, wurde ich in die Armee eingezogen und kam in die Kaserne.

Zurück in Cusco, arbeitete ich bei Doktor Paredes, dessen Sohn jetzt in den Vereinigten Staaten ist. Morgens um fünf machte ich dem Doktor sein gutes Frühstück, damit er zur Universität gehen konnte. In Cusco habe ich meine Frau getroffen. Wir kannten uns von der Schule. Der Doktor mochte uns beide sehr. Als unser erstes Kind geboren wurde, führte der Doktor die Entbindung durch. Es war eine Tochter; später ist sie leider gestorben.

Meine Frau und ich begannen unser gemeinsames Leben. Und da reichten die siebzig Soles, die der Doktor mir bezahlte, nicht mehr aus: Ich hatte ein Kind zu versorgen.

Es war immer mein Wunsch gewesen, ein eigenes Grundstück zu kaufen. So sprach ich mit dem Doktor, der auch der Patenonkel meines Kindes war. Er sagte: ›Nein, mein Sohn, wir sind wie eine Familie. Du und deine Frau, ihr gehört zu unserer Familie; ich bin der Pate deines Kindes. Wir wollen alle hier zusammen wohnen bleiben, für ewig. Denkt nicht daran, euch ein Grundstück zu kaufen!‹

Aber ich war jung. So verließ ich den Doktor, um mich auf meine eigenen Füße zu stellen. Ich mußte eine Arbeit finden, bei der ich mehr verdiente. Ich mußte anfangen, richtig zu arbeiten.

Ich stellte Lehmziegel her. In den ersten Tagen hatte ich stark geschwollene Hände. Ich hatte ja immer nur leichte Arbeiten ausgeführt. Aber es gab kein Zurück. Ich mußte mich an die harte Arbeit gewöhnen. Und ich gewöhnte mich schließlich daran. Ich lernte, mir meinen Wochenlohn zu verdienen.«

Están Unidos.

· Seatle

Minneapolis ·

Boston ·

New York ·

Chicago · Detroit Philadelphia ·

· San Francisco · Denver

Washington

· Los Angeles

Atlanta

· Dallas

· Tucson

New Orleans

Houston · Orlando

Tampa

Estados Unidos = Están Unidos : Vereinigte Staaten = Sie sind vereint – über Miami.

Werbung der peruanischen Fluggesellschaft Faucett

Por Miami.

Si desea viajar a cualquier lugar
de los Estados Unidos hágalo vía Miami
en el Tristar L-1011 de FAUCETT.
Nosotros lo conectamos desde Lima con
USAIR a más de 270 ciudades.
Más de 5,000 vuelos diarios, en los
mejores horarios, lo llevarán
cómodamente a su destino: **un país
unido gracias a las conexiones de
FAUCETT.**

R.U.C. 10000645

Nuestra línea aérea, nuestros colores.

FAUCETT PERU

LA PRIMERA.

Compre su pasaje en su agencia de viajes, oficinas de Faucett o el Aeropuerto.
Informes y Reservas: 613322 - 519711 - 526641 - o en USAIR Telfs.: 444441 - 444234

»Momentan ist das Leben in so Peru schwer. Hier sind die Möglichkeiten so beschränkt!«

USA – Japan – Europa

Annette Holzapfel

Seit dem Beginn der bisher schwersten peruanischen Wirtschaftskrise Ende der 80er Jahre verlieren die traditionellen Zuwanderungsgebiete innerhalb des Landes ihre Anziehungskraft. Die Menschen kehren sogar in ihre Heimat zurück; manche gehen gar nicht erst fort. Auf der Suche nach neuen Zukunftsperspektiven gewann die Idee der Auswanderung Auftrieb.

Peru erlebt seitdem ein regelrechtes Auswanderungsfieber.

Ins Ausland zu ziehen wird allgemein in der Bevölkerung positiv bewertet. Freunde und Verwandte liefern die ersten Informationen und arrangieren die Kontakte für die illegale Arbeitsaufnahme oder die Heirat mit einem spanischsprachigen Partner. In einigen peruanischen Städten kann man den Clubs der Heiratswilligen beitreten und sogar Wunschvorstellungen über den zukünftigen Ehepartner äußern. In Europa kann man sich peruanische Frauen über Heiratsvermittler bestellen.

Traditionell wanderten die PeruanerInnen in die USA, nach Venezuela, Argentinien oder Kanada aus. Inzwischen entwickelten sich auch Italien, Deutschland, Frankreich und Spanien, aber auch Schweden und die Schweiz zu beliebten Einwanderungszielen. Nachdem Spanien im Februar 1992 die Visumspflicht eingeführt hat, ist es schwer geworden, Mittel und Wege zu finden, ins Land zu gelangen. Die PeruanerInnen stellen dort jedoch die größte Gruppe unter den EinwanderInnen aus Lateinamerika. Französische Unternehmer heuern männliche Saisonarbeiter aus Peru an. Junge Frauen sind besonders in Italien, aber auch in Schweden, Spanien und Deutschland für die Arbeit im Dienstleistungsgewerbe gefragt. Die Vermittlungsbüros in Peru nehmen hohe Gebühren, die die Frauen in Europa erst einmal abarbeiten müssen. In der letzten Zeit ist die Einreise in die USA und nach Frankreich erschwert worden.

In vielen Ländern führt der Weg die Frauen immer wieder in die Prostitution. Einige wissen, was sie erwartet, andere erkennen ihre Situation erst, wenn sich kaum mehr etwas daran ändern läßt. Für manche ist die Prostitution der letzte Ausweg, wenn sie keine Arbeit finden und nicht mehr zurückkönnen.

Die PeruanerInnen, die ins Ausland ziehen, sind junge Leute, meist Ledige, die andere Länder kennenlernen möchten und gleichzeitig hoffen, dort ihr Einkommen und ihren Lebensstandard zu verbessern. In manchen Fällen treibt sie auch die Verzweiflung: Sie sehen in ihrer Heimat für sich keine Chance mehr zu einem menschenwürdigen Leben. Aber auch das Wissen um die fortschrittlicheren Unterrichtsinhalte an den Hochschulen der Industrieländer und der Wunsch, diese Kenntnisse später ihrem Land zur Verfügung zu stellen, spielen eine Rolle. Viele junge Leute der zweiten Migrantengeneration in Peru nutzten die Möglichkeit, höhere Bildung zu erwerben. Es entwickelten sich neue berufliche Fähigkeiten und Bedürfnisse, die der peruanische Arbeits- und Karrieremarkt nicht erfüllen kann. Die sich verschärfende Wirtschaftskrise ist einer der letzten Auslöser, den Traum von einer besseren Zukunft immer weniger in Lima und

RVB

"VENGA AL CORAZON DE EUROPA: MAASTRICHT, HOLANDA"

Programas internacionales profesionales y prácticos, únicos en su género, en:

- Gestión financiera
- Promoción y asistencia industrial a pequeños empresarios

Duración: del 11 de setiembre al 17 de diciembre de 1992

- Administración de energía para pequeñas y medianas industrias

Duración: del 2 de octubre al 6 de noviembre de 1992

Para mayor información:
Co-ordinator Executive
Programmes
The Netherlands International

links:

»Kommen Sie ins Herz Europas«
Werbung für die Qualität europäischer Bildungseinrichtungen – hier in Holland.

unten:

»Immigrieren Sie in die USA und Kanada«
Werbung für die Einwanderung. Adressaten: Mittelschicht

Quelle: peruanische Zeitungen

anderen peruanischen Städten zu sehen und immer mehr im Ausland.

Menschen aller sozialer Schichten bewegen Auswanderungsgedanken: Arbeiter in Elendsvierteln, StudentInnen und AkademikerInnen in Lima und in der Departementshauptstadt Cusco ebenso wie andere junge Leute aus der Mittelschicht. Stellvertretend geben wir in diesem Kapitel sechs von ihnen das Wort.

Ein junger Mann in einem Elendsviertel in Cusco berichtet:

Ich bin in Lima gewesen. Aber dort habe ich leider keine Arbeit gefunden; es gab Unterbeschäftigung. Als Kellner und Küchengehilfe und sogar als Straßenkehrer habe ich gearbeitet. Aber in meinem Beruf habe ich nichts gefunden.«

Junge AkademikerInnen der zweiten Migrantengeneration in einem Elendsviertel beschreiben ihre Lage in der Departementshauptstadt:

Hier gibt es keine Arbeit. Man braucht Beziehungen. Ich würde gerne ins Ausland gehen. Vielleicht in die Vereinigten Staaten, weil es dort viel Arbeit gibt und man dort – glaube ich – soviel an Lohn bekommt, daß man davon ganz gut leben kann. Nach einiger Zeit könnte ich dann meine Eltern und meine Geschwister nachholen.«

Ich möchte weg, ins Ausland. Nach Kanada, denn dorthin sind mehrere Kommilitonen von mir gegangen und es geht ihnen dort wirtschaftlich sehr gut. Ich glaube, sie haben dort Hühnerfarmen. Sie schicken mir Ansichtskarten. Sogar Geld schicken sie mir. Sie schreiben: ›Komm hierher! In Peru verlierst du nur Zeit!‹ Seit sechs Jahren arbeite ich im öffentlichen Dienst und geschafft habe ich fast nichts. Ich habe hier an der Universität Kommunikationswissenschaften studiert. Wer im öffentlichen Dienst tätig ist, wird sehr schlecht bezahlt. Deshalb denkt die Mehrheit meiner Kommilitonen und auch derer, die nach mir studiert haben,

daran, ins Ausland zu gehen. Sogar in Bolivien sind die Löhne besser. Eine Bekannte von mir hat in Bolivien einen kleinen Rundfunksender. Auf ihren Ansichtskarten und in ihren Briefen teilt sie mir mit, daß sie dort gut verdient. Hier in Cusco sind die Möglichkeiten, unsere beruflichen Qualifikationen einzusetzen, so beschränkt! Cusco ist so klein!«

Eine Krankenpflegeschülerin aus Cusco begründet ihren Migrationswunsch:

Um ehrlich zu sein, ich möchte ins Ausland, um weiterzukommen, weil der technologische Fortschritt, sogar der Unterricht selbst, die Kenntnisse, die vermittelt werden, nicht mehr so wie früher sind. Ich möchte mich in meinem Land beruflich weiterentwickeln. Bessere Kenntnisse würde ich aber gerne im Ausland erwerben. Zudem gibt es hier kaum gute Fachliteratur.[1] Und weil die Wissenschaft voranschreitet, sind wir nicht so auf dem Laufenden wie in anderen Ländern.«

Eine Frau und ihr Mann stammen aus Dörfern in Apurímac, einem der ärmsten Hochlanddepartements Perus. In Lima leben sie in einem Elendsviertel. Sie leitet dort ehrenamtlich eine Volksküche. Als wir mit ihr sprachen, war sie stolz darauf, daß eine US-amerikanische Hilfsorganisation sie nach vielen erfolgreich bestandenen Tests als einzige Peruanerin ausgewählt hatte, um in den USA einen Ausbildungskurs für informelle Vertreterinnen von Basisorganisationen zu besuchen:

Mein Mann wollte schon immer in ein anderes Land. Hier in Peru kriegt er für seine Arbeit sehr wenig. Er hat den Beruf des Metallarbeiters erlernt. Selbst wenn er Überstunden macht, reicht das, was er verdient, nur für unsere Ernährung.

Um fünf Uhr morgens verläßt er das Haus, um sieben erreicht er seinen Arbeitsplatz und abends um zehn kommt er zurück. Während der einzigen Zeit, die er zuhause verbringt, schläft er. Er arbeitet auch samstags und sonntags. Seit

Bewohnerinnen eines Elendsviertels in Lima betreiben ihre Gemeinschaftsküche.

den kann, denn die Metallarbeit ist überall gefragt. Hier geht es den Unternehmern gut und sie fühlen die Not der Armen nicht. Als mein Mann um eine Lohnerhöhung bat, legte man ihm nahe, zu kündigen.

Die Unternehmer hier in Peru wissen nur zu gut, daß man keine andere Arbeit findet. Mein Mann verdient den staatlich festgesetzten Mindestlohn.[3] Er ist krankenversichert, aber weder ich noch unsere Kinder sind mitversichert. Und das, weil unsere Heirat als ungültig erklärt wurde, da uns eine Geburtsurkunde fehlte.[4] Meine Tochter liegt mit schweren Brandverletzungen im staatlichen Kinderkrankenhaus. Der Besitzer der Fabrik, in der mein Mann arbeitet, hilft uns nicht, die Behandlung zu bezahlen. Meine Tochter wird nun zum dritten Mal am Gesicht operiert. Seit drei Monaten schulde ich dem Krankenhaus noch Geld für die Bluttransfusionen, die Medikamente und das Verbandmaterial. Das ist alles furchtbar teuer! Wie hoch wird wohl die Summe sein, die ich am Ende bezahlen muß?«

Eine Migrantin in Lima, die als Friseuse Fortbildungen in Argentinien machte, brachte niemals den Mut auf, in dem Land, das ihr so gut gefiel, zu bleiben. Ihre Töchter und Söhne wandern heute in die USA ab. Schweren Herzens ist sie einverstanden:

Drei meiner Kinder leben in den Vereinigten Staaten: zwei Mädchen und ein Junge. Zuerst gelang es einer meiner Töchter, in die USA zu kommen. Dann reiste der Junge aus, dann das andere Mädchen. Sie wollten unbedingt ins Ausland. Um es zu erreichen, mußten sie fest entschlossen sein.

Meine Tochter, die als erste ausreiste, hatte hier eine gute Stelle: Sie war Verkaufsgeschäftsführerin in einem Reisebüro. Schon lange hatte sie vorgehabt, in die Vereinigten Staaten zu gehen, um ihre Situation zu verbessern. Hier konnte sie nicht soviel verdienen, wie man dort verdient. Sie reiste über Mexiko ein. Das ist sehr schwer. Mein Sohn dagegen ging auf dem legalen Weg in die USA. Er stellte hier bei der Bot-

fünf Jahren möchte er ins Ausland. Er sagt: ›Warum habe ich niemanden, der mir hilft, ins Ausland zu kommen, um es zu etwas zu bringen! Wenn ich dort arbeiten würde, hätte ich genug Geld, um meinen Kindern eine gute Schulausbildung zu ermöglichen!‹

Die Schulbücher sind sehr teuer geworden! Wenn man das Geld nicht hat, kann man seinen Kindern keine Schulbücher kaufen.[2] Und wie sollen sie dann lernen? Ich habe Verwandte in Venezuela und in den Vereinigten Staaten. Aber wir wissen nicht, wo sie wohnen. Ein Arbeitskollege meines Mannes ist mit seinen Freunden nach Deutschland gereist. Jetzt ist er mit einer Deutschen verheiratet. Er schreibt uns jedes Jahr zu Weihnachten. Er schreibt, mein Mann solle sich auch wirtschaftlich verbessern.

Ich glaube, daß mein Mann überall Arbeit fin-

Reisen leichtgemacht.
Werbung für Miami und Europa in einer peruanischen Tageszeitung.

und nochmal Arbeit. Und wenn man keine Papiere hat, sich nicht legal in den USA aufhält, dann ist das Leben hart und man verdient nicht das, was man eigentlich verdienen sollte.

Noch haben meine Töchter keinen legalen Aufenthalt. Sie beantragen ihn mit der Hilfe von Rechtsanwälten.«

schaft einen Antrag und erhielt das Visum. Meine andere Tochter reiste auch über Mexiko ein. Sie kam schneller durch. Sie hatte beim Überqueren der Grenze großes Glück. Im Augenblick bereitet sich mein 19jähriger Sohn auf seine Ausreise in die USA vor. Am Mittwoch stellt er sich in der Botschaft vor und – so Gott will – geben sie ihm das Visum. Wer in die Vereinigten Staaten will, bereitet seine Papiere vor, er gibt im Konsulat eine eidesstattliche Erklärung ab und, wenn er Glück hat, erhält er das Visum.

Meine Kinder, die schon dort sind, möchten, daß ihre Geschwister nachkommen, um dort zu arbeiten. Ich bin natürlich sehr traurig. Aber man darf nicht egoistisch sein. Wenn meine Kinder sich wirtschaftlich verbessern und sich ihre Zukunft aufbauen wollen, dann kann ich es ihnen nicht verbieten. Momentan ist das Leben in Peru so schwer! Die Kinder erzählen, daß es in den USA auch schwer ist. Die Arbeit ist sehr hart. Alle widmen sich nur der Arbeit. Sie sind wie Roboter. Das Leben besteht nur aus Arbeit

Anmerkungen

1 Diese Aussage ist typisch. Immer wieder beklagten sich die StudentInnen an den staatlichen Universitäten über die veraltete Fachliteratur und schlecht ausgestattete Bibliotheken. Aus finanziellen Gründen können sie sich die Bücher nicht selber kaufen.

2 Seit dem Beginn der Wirtschaftskrise verlangen viele LehrerInnen von ihren SchülerInnen keine Schulbücher mehr oder nur noch die allernötigsten.

3 Dieser betrug 1991 ungefähr 65 Mark. Gleichzeitig ging das Nationale Statistikinstitut davon aus, daß eine vierköpfige Familie damals im Monat mindestens 320 Mark zum Leben brauchte.

4 Wer in einem abgelegenen Dorf zur Welt kommt, wird oft nicht rechtzeitig registriert, weil es den Eltern unmöglich ist, ihn/sie innerhalb der gesetzlichen Frist bei einer staatlichen Stelle in der weit entfernt gelegenen Stadt anzumelden. Solche Menschen besitzen keine Geburtsurkunde, können deshalb nicht heiraten und müssen auf viele andere Rechte verzichten.

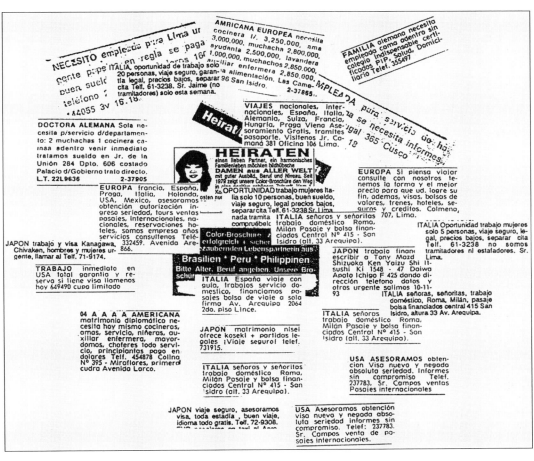

Anzeigen aus verschiedenen peruanischen und deutschen Zeitungen und Zeitschriften:
Arbeit und Bekanntschaften in aller Welt. USA – Japan – Europa; Italien – Deutschland

»Als wir zu arbeiten begannen, waren wir bereits verschuldet.«

Als Migrant in Japan

Annette Holzapfel

Vorbemerkung

Ebenso wie Deutschland ist Japan kein Einwanderungsland. Die Einreise ohne Visum ist verboten und wird bestraft. Seit dem Höhepunkt des japanischen Wirtschaftsbooms im Jahr 1987 kommen PeruanerInnen nach Japan. Sie erhalten in erster Linie zeitlich befristete Arbeitsverträge.

Zwischen Peru und Japan bestehen seit langem Beziehungen: Peru nahm als erstes lateinamerikanisches Land 1873 diplomatischen Kontakt zu Japan auf. In der Folge entwickelte sich in Peru die größte japanische Kolonie in Lateinamerika mit heute über 50.000 Menschen japanischer Abstammung. Wirtschaftlich spielt Peru eine wichtige Rolle für die japanische Fischindustrie und beliefert die japanische Industrie mit Rohstoffen wie Kupfer, Blei und Zink. Japan tritt in Peru als Investor und Lieferant von Fertigprodukten auf.[1] Vor allem japanische Autos und technische Geräte erfreuen sich in Peru großer Bekanntheit und Beliebtheit.

»ARBEIT, TECHNOLOGIE UND EHRLICHKEIT« hieß 1990 der Wahlslogan des Präsidentschaftskandidaten Alberto Fujimori. Dem Sohn japanischer Einwanderer trauten viele PeruanerInnen zu, dieses Versprechen auch wahr zu machen. Wer wünschte sich nicht den Fortschritt à la Japan! Außerdem bewunderte man den Erfolg der Wirtschaftsmacht mit ihren Hightech-Produkten.

Nach Fujimoris Wahlsieg verstärkte sich der Trend, als Gastarbeiter nach Japan zu gehen. Bereits 1989 hatte Japan die Beschränkungen für die Vergabe von Arbeitsvisa gelockert.[2] Der »Fujischock«, die von den internationalen Finanzgebern verordnete Sparpolitik mit ihren drastischen Preissteigerungen bei gleichzeitigem Einfrieren der Löhne, hatte selbst weite Teile der peruanischen Mittelschichtbevölkerung schlagartig in Armut gestürzt und viele Menschen zur Auswanderung gezwungen.

Diese Situation wurde von privaten japanischen Zeitarbeitsunternehmen geschickt genutzt, denn Japan brauchte Arbeitskräfte. Die junge japanische Generation übernimmt nur noch ungern schwere körperliche, schmutzige oder als minderwertig eingestufte Arbeiten. Lateinamerikaerfahrene Personalanwerber begannen in Peru das Geschäft mit der Vermittlung von Söhnen (»Nisei«) und Enkeln (»Sansei«) japanischer Einwanderer, denn die japanischen Gesetze erlauben Arbeitsverträge mit Auswanderern bis in die dritte Generation. Der Anteil der Peruaner in der japanischen Statistik stieg von 1.947 im Jahre 1987 auf 23.989 im Jahre 1991 und 31.051 Personen Ende 1992.[3]

Später weiteten die Vermittlungsbüros in Peru das Geschäft aus. Es wurden auch Peruaner nicht-japanischer Abstammung als Arbeitskräfte nach Japan geholt. Meist erhalten sie jedoch niedrigere Löhne. Sie können ihre Arbeitsverträge in Japan verlängern. Reisekosten werden von den Vermittlern vorfinanziert und später vom Lohn abgezogen.

Peruaner, die das Geld für den Flug nach Japan selbst aufbringen und mit einem Touristenvisum einreisen, suchen sich erst in Japan Arbeit. Ihr illegaler Aufenthalt wird geduldet, da die japanische Wirtschaft, insbesondere das Gast- und Baugewerbe, auf ausländische Tagelöhner angewiesen ist.[4] Inzwischen stammen 79 Prozent der ausländischen Arbeiter aus Lateinamerika, vorwiegend aus Peru und Brasilien.[5]

Die Lebensbedingungen in Japan sind nicht leicht. In der Regel kommen die Peruaner ohne ihre Frauen; für Peruanerinnen lohnt sich der Arbeitsaufenthalt aufgrund der wesentlich geringeren Verdienstmöglichkeiten kaum. Vielfach erfahren die Peruaner eine für sie schmerzliche Ausgrenzung aus der japanischen Kultur, in der Fremdes, das sich nicht vereinnahmen und assimilieren läßt, traditionell als Bedrohung empfunden wird. Japaner und Ausländer beklagen sich immer wieder über gegenseitige Mißverständnisse und Ablehnung.[6] Besonders schwer ist das Leben aber für die illegal eingeschleusten Arbeitskräfte. Oft werden ihre Löhne nicht ausgezahlt oder ihre Arbeitsverträge gebrochen.[7] Zudem verlangen die gesetzeswidrigen Organisationen, die sie ins Land locken, oft hohe Vermittlungsgebühren und 6 bis 12 Prozent Anteil an ihren Löhnen.[8]

»Alle Peruaner sollten einmal ins Ausland gehen.«

Erfahrungen eines heimgekehrten peruanischen Gastarbeiters:

>> Ich war unter den ersten, die zum Arbeiten nach Japan gingen. Das war im Dezember 1990. Zunächst hatte man mich getestet, um meine Fähigkeiten herauszufinden. Ich habe zuerst in Hiroshima in einer Fabrik gearbeitet, die Tankwagen in Massenproduktion herstellte. Ich hatte abwechselnd eine Woche Tagschicht und eine Woche Nachtschicht, jeweils zwölf bis vierzehn Stunden. Alle zwei Stunden machten wir eine Pause von zehn Minuten. Das war zu wenig Zeit, um mit anderen Arbeitern ins Gespräch zu kommen. In der Fabrik gab es auch japanische Arbeiter, aber in den einzelnen Arbeitsgruppen waren jeweils nur Peruaner, nur Japaner oder nur Brasilianer zusammengefaßt. Sehr selten arbeiteten Peruaner mit

Japanern zusammen. Das wurde von der Fabrikleitung wegen der Verständigung so geregelt. Ich mußte prüfen, ob die Tanklaster dicht waren. Jeden Tag prüfte ich 700 bis 800 Lastwagen.

Wenn man seine Arbeit gut macht, wird man gut behandelt; man wird bei seiner Arbeit eher unterstützt. In Japan wird nämlich jedem seine Aufgabe zugewiesen und die muß man lösen, egal wie, aber man muß sie lösen, ohne fremde Hilfe. Das ist anders als bei uns Lateinamerikanern. Der Japaner will sich niemals minderwertig fühlen, weil er etwas nicht kann. Er versucht, seine Arbeit zu bewältigen.

Die anderen Sitten bereiteten uns Schwierigkeiten. Als sie uns nach Japan holten, brachten sie uns zuerst in einem Hotel unter, wo auch japanische und brasilianische Arbeiter lebten. Aber weil wir andere Gewohnheiten haben, mußten sie uns später anderswo unterbringen. Die japanischen Eßgewohnheiten sind völlig anders. Auch das Bad ist den Japanern heilig. Es gab dort Badebrunnen, die mit heißem Wasser gefüllt waren. Wenn die Japaner uns hereinkommen sahen, badeten sie sich nicht mehr oder sie fühlten sich gestört. Unsere Badegewohnheiten verletzten sie. So wurde ein Haus gemietet, in dem nur wir Peruaner wohnten. Auch die Brasilianer wurden getrennt untergebracht, denn es gab schon mal Streit zwischen Peruanern und Brasilianern. Wir waren fünfzehn Peruaner und teilten uns eine Küche.«

Der Arbeitsvertrag

>> Wir hatten keine direkte Beziehung mit unserer Fabrik, da wir für Personalvermittler arbeiteten. Der Vermittler vertritt ein Unternehmen, das Personal für offene Arbeitsstellen sucht. Er organisiert alles und er verdient auch gut dabei. Er zahlte uns unsere Löhne aus. Dennoch haben wir ungefähr genauso viel verdient wie die japanischen Arbeiter. Aber wir wurden nicht am Gewinn des Unternehmens beteiligt, so wie die Japaner. Also verdienten die Japaner im Endeffekt mehr als wir. Außerdem

mußten wir uns auf eigene Kosten krankenversichern.

Das einzige, was den Vermittler wirklich interessierte, war, daß wir gesund blieben. Wer durch die harte Arbeit krank wurde und nicht mehr zu gebrauchen war, wurde von ihm einfach entlassen oder nach Hause geschickt. Es blieb einem dann nichts anderes übrig, als sich einen neuen Vermittler zu suchen. Beziehungen mit anderen Ausländern halfen einem dabei. Andererseits passen die Vermittler darauf auf, daß ihre Leute nicht zur Konkurrenz gehen, die besser zahlt, denn sie haben ja schließlich viel Geld ausgegeben, um die Arbeiter aus Peru nach Japan zu holen. Aber der Ausländer sucht sich natürlich den Vermittler, der am besten zahlt.«

Versprechen und Wirklichkeit

Der Personalvermittler kam im November 1990 in unsere Stadt und lud alle *Nisei* und *Sansei* zu einer Versammlung ein. Er hatte lange in Brasilien gelebt und sprach etwas Spanisch. Er sagte uns, daß alle, die wollten, nach Japan gehen könnten, um dort in einer Fabrik zu arbeiten. Er versprach, daß jeder von uns eine eigene Wohnung mit allem Komfort bekäme, daß die Arbeit leicht sei, alles sei computergesteuert und man müsse nur Knöpfe bedienen. Er belog uns. Aber das ist ja logisch! Als wir in Japan ankamen, war alles anders. Aber was konnten wir da noch tun? Bereits vor unserer Arbeitsaufnahme waren wir verschuldet, denn der Vermittler hatte unsere Reisekosten übernommen und jeder schuldete ihm 4.000 Mark.

Mit Überstunden verdient man dort im Monat netto so um die 5.000 Mark. Für seinen Lebensunterhalt braucht man monatlich etwa 1.200 bis 1.700 Mark. Wenn man sieben Tage in der Woche arbeitet und Überstunden macht, kann man im Monat über 3.000 Mark sparen. Von der Tokyo-Bank überwiesen wir Geld nach Hause.

Der Lohn wird auf ein Bankkonto eingezahlt, das vom Vermittler eröffnet wird; er ist berechtigt, Geld abzuheben. Wenn der Ausländer irgendetwas anstellt, muß er dafür aufkommen.

Einige hatten deshalb Probleme. Sobald man zurückkehren wollte, verlangte der Vermittler Geld für Steuern, die er angeblich bei der Präfektur bezahlen mußte, und ich weiß nicht, was sonst noch. Wir sind diesen Forderungen nachgegangen und entdeckten, daß sie nur der Schlauheit der Vermittler entsprangen.

Meist gibt es Probleme, wenn Ausländer nicht mehr für ihre Vermittler arbeiten wollen; die denken nämlich, man sei ihr Sklave. Wenn man also wieder nach Hause will, muß man es möglichst unbemerkt vorbereiten; denn sie beginnen einem plötzlich vorzurechnen, was sie von dem Verdienten noch alles abziehen müssen.«

Arbeitsbedingungen und Probleme mit der Sprache

Die fremde Sprache erschwert vieles. Wir hatten auch keine Zeit, die Sprache zu lernen. Wenn wir erschöpft nach Hause kamen, mußten wir noch unser Essen kochen. Wenn wir Tagschicht hatten, kamen wir abends um acht zurück, aßen und duschten nur noch. Wir arbeiteten auch den ganzen Samstag. Sonntags hatten wir meist frei; manchmal arbeiteten wir auch dann. Es fiel uns sehr schwer, uns daran zu gewöhnen.

In der Fabrik verrichten die Japaner die leichten, sauberen Arbeiten und die Ausländer die schweren, schmutzigen. In Hiroshima zum Beispiel mußten Ausländer die Lastwagen streichen. Den ganzen Tag lang atmeten sie die giftige Farbe ein; das schädigte ihre Lungen. Die Arbeit ist monoton und langweilig, weil man von morgens bis abends dasselbe tut. Ich bat meinen Vermittler darum, versetzt zu werden, weil ich dem ständigen Wechsel zwischen Tag- und Nachtschicht rein körperlich nicht mehr standhielt. Außerdem hatte man die Tankwagen, die ich prüfen mußte, über Nacht auf die doppelte Anzahl erhöht. Zum Glück hatte er Verständnis für meine Lage und schickte mich nach Shizuoka.

Wenn man mit der ganzen Familie in Japan lebt, gibt man alles aus, was man verdient und kann nichts sparen. Für mich war es sehr schwer, daß meine Frau und meine Kinder in Peru geblieben waren. Ohne die Familie leidet man sehr. Man hat noch mehr Heimweh.«

Peruanische Gastarbeiter erster, zweiter und dritter Klasse

》》 Eines Tages kam einer aus Peru, der richtig schwarz war und behauptete, japanischer Abstammung zu sein. Es kamen viele Abenteurer und üble Typen, Leute ohne Erziehung. Dadurch ist das Ansehen der Peruaner gesunken. Viele behaupteten, sie seien japanischer Abstammung, waren aber weder Nisei noch Sansei. Sie hatten sich lediglich falsche Papiere besorgt. Und da die Personalmakler nur am Verdienst interessiert waren, waren sie bei der Beschaffung falscher Ausweise behilflich.«

Den »reinen Peruanern« werden auch schwerere Arbeiten wie etwa in der eisigen Kälte von Hokkaido angeboten.

Später kamen noch die »Illegalen« hinzu, die mit Touristenvisa auf drei Monate einreisten und sich vor Ort über Vermittler Arbeit suchten. Für Peruaner ist es recht einfach, so ein Touristenvisum zu bekommen. Aber die Illegalen sind Arbeiter dritter Klasse.

Über das Verhältnis der Japaner zu den Fremden

》》 In der Fabrik schätzten uns die Japaner, wenn wir unsere Arbeit gut machten. Wenn wir aber die Fabrik verließen, waren sie am Kontakt mit uns nicht mehr interessiert. In Shizuoka hatte ich einen japanischen Freund. Er besuchte mich zweimal mit seinem Auto und wir fuhren spazieren. Mehr japanische Freunde hatte ich nicht. Man muß schon großes Glück haben, um echte japanische Freundschaften zu schließen; denn die Japaner sind den Fremden gegenüber sehr mißtrauisch. Sie haben Angst, von ihren Landsleuten schlecht angese-

hen zu werden, wenn sie sich mit Fremden anfreunden. So ist es für einen Ausländer auch schwer, eine japanische Freundin zu finden, weil die jungen Frauen die Mißachtung durch ihre eigene Gesellschaft fürchten. Die Japaner verstehen sich mit den Fremden solange gut, wie sie ihnen nützlich sind und keine Forderungen stellen. Es gefällt ihnen nicht, wenn ein Fremder sagt: ›Das kann ich nicht.‹ Sie selbst fordern nie etwas. Sie sind bei der Arbeit sehr diszipliniert. Jeder hat seine Aufgabe.«

Freizeit

》》 Es gibt Karaoke, Diskotheken, Billardsäle und Kinos. Aber alles ist sehr teuer. Wenn man sich ein Wochenende vergnügt, gibt man beinahe 600 Mark aus. Ich habe sonntags die Sehenswürdigkeiten von Hiroshima besucht.

In unserer Wohnung gehörten wir fast alle zur selben Familie. So saßen wir an den Feiertagen oft zusammen. Wenn Frauen dabei waren, veranstalteten wir ein Fest. Die Peruaner betrinken sich gerne und machen Krach in ihren Wohnungen. Daran sind die Japaner nicht gewöhnt. So beschwerten sich die Nachbarn, weil sie schon schliefen oder sich gerade ausruhten.

Ab zehn Uhr abends wird es in den japanischen Wohnvierteln sehr ruhig. Die Straßen sind menschenleer. Und das, obwohl rund um die Uhr gearbeitet wird.«[9]

Peruanische Organisationen und Vereine

》》 In Tokio gab es bereits einen Verein. Ihm gehörten auch Rechtsanwälte an, die sich um die Rechte der Peruaner kümmerten und ihnen bei Behördengängen halfen. Um von diesem Verein Hilfe zu erbitten, wäre ich von Hiroshima aus zwei Tage unterwegs gewesen. Ich hätte zwei Arbeitstage verloren. Außerdem ist das Reisen mit dem Zug sehr teuer.

Ich habe jetzt gehört, daß es in allen großen Städten peruanische Vereine gibt«.

Die Peruaner können von den Japanern lernen

>> Trotz allem war es für mich sehr nützlich, ein anderes Land kennenzulernen. Ich habe von den Japanern viel gelernt. Sie sind sehr fleißig. Sie identifizieren sich mit ihrer Fabrik. Sie werden früh unabhängig und, wenn sie die Aufnahmeprüfung für die Universität nicht bestehen, beginnen sie mit 17 Jahren, in einer Fabrik zu arbeiten. Sie sind praktisch mit ihrer Fabrik verheiratet. Sie achten sehr auf die Qualität ihrer Produkte.

Ob man so etwas hier in Peru auch schaffen könnte?

Das Problem sind die Menschen. Man müßte die Erziehung ändern. Man müßte schon bei den Kindern anfangen und ihnen klarmachen, daß wir nicht so weitermachen können wie bisher. Alle Peruaner sollten einmal ins Ausland gehen.

Im Ausland wurde mir klar, daß wir unser Handeln ändern, unsere Produktivität steigern und unsere Qualität verbessern müssen.

In den peruanischen Bergwerken macht man aus 24 Stunden drei Schichten. In Japan sind das zwei Schichten. Hier wird in den Bergwerken nur gestreikt. Das gefällt doch keinem Unternehmer! In Japan gibt es solche Streiks nicht. Aber die Leute werden gut bezahlt. Sie haben genug zum Leben.«

Anmerkungen

1 Kodansha Encyclopedia of Japan, Tokyo, 1983.

2 Hiromasa, Suzuki: Problems with Foreign Workers. Journal of Japanese Trade & Industry, Nr.2, 1994.

3 Japanisches Justizministerium, Homucho Zairyu Gaikokuyin Tokei, Tokyo, 1992 und 1993.

4 Gill, Tom: Streetwinter. Tokyo Business Today, April 1994: 4-10 und Hiromasa, Suzuki, op.cit.

5 Japan Labor Bulletin, Februar 1994, Vol.33, Nr.2: 4-5.

6 Antoni, Klaus: Japan und das Fremde. Japan aktuell, Dez.93/Jan.94: 6-10.

7 Shimada, Haruo: Gastarbeiter in Japan. Japan-Magazin, Nr.1990: 22-26.

8 The Japan Times vom 17.02.1994.

9 In Japan gilt eine strenge Trennung von Wohn- und Vergnügungsvierteln.

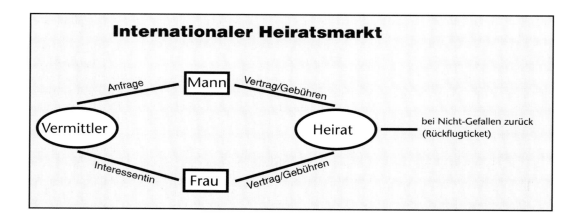

»Daß ich mich nicht verständigen konnte, war furchtbar für mich«

Als Migrantin in Deutschland

Annette Holzapfel

Vorbemerkung

Deutschland gilt nicht als Einwanderungsland. Menschen ohne deutsche Staatsangehörigkeit wird die Einrichtung ihres Lebens sehr erschwert. Dennoch ist das Bild, das die Menschen in den ärmeren Ländern von den Deutschen haben, fast durchweg positiv. Man schätzt die Deutschen ganz besonders deshalb, weil ihr Land nach dem Zweiten Weltkrieg schnell wieder aufgebaut wurde, weil es heute eine starke Wirtschaftsmacht darstellt und seine Technologie als sehr fortgeschritten gilt. Außerdem betreibt Deutschland selbst in den Entwicklungsländern auf vielerlei Weise Werbung für sich. Neugier und der Wunsch, von den Deutschen zu lernen, spielen eine wichtige Rolle bei der Entscheidung vieler PeruanerInnen, dorthin zu gehen. Die meisten haben anfangs nicht vor, zu bleiben.

Für die PeruanerInnen beschränkt sich der Aufenthalt in Deutschland auf die Dauer eines Studiums, auf eine Tätigkeit als Straßenmusiker-Saisonarbeiter unter oft sehr schwierigen Lebensumständen oder einen vorübergehenden und mitunter illegalen Aufenthalt als Dienstmädchen zu extrem harten Arbeitsbedingungen. Zum Teil erhalten Musiker und Dienstmädchen auch befristete Arbeitsverträge. Nur wenige PeruanerInnen stellten Anträge auf Asyl. Die Umstände waren meist so gravierend, daß sie anerkannt wurden. Einige peruanische Frauen und Männer leben bereits mehrere Jahre hier und lernten in dieser Zeit deutsche Partner kennen, heirateten und blieben.

Inzwischen gibt es einige Frauen, für die über eine Freundin oder einen professionellen Vermittler vor der Ankunft in Deutschland eine Heirat vorbereitet wird.

Ende 1993 waren in Deutschland insgesamt 5.561 PeruanerInnen registriert, mehr als 50 Prozent davon Frauen.[1]

In der Regel birgt das Leben in Deutschland für die PeruanerInnen zahlreiche Schwierigkeiten. Sie haben mit der Fremdenfeindlichkeit und den Vorurteilen der Deutschen zu kämpfen. Ihre peruanischen Berufs- und Universitätsabschlüsse werden nicht anerkannt. Deswegen können fachlich qualifizierte Personen ihre Kenntnisse und Fähigkeiten hier kaum nutzen. Sowohl einer beruflichen Weiterentwicklung als auch dem wirtschaftlichen Aufstieg sind in Deutschland eindeutig Grenzen gesetzt. Selbst PeruanerInnen, die es geschafft haben, in die deutsche Mittelschicht aufzusteigen, finden es kaum attraktiv, sich endgültig in Deutschland niederzulassen. Viele entdecken erst spät, daß es den »Selfmademan« hier nicht gibt.

Aus Angst wegen des unsicheren Aufenthaltsstatus und aus Scham, die gesteckten Ziele nicht erreicht zu haben, meiden manche PeruanerInnen Kontakte zu Deutschen und Landsleuten. So unterscheiden sich die PeruanerInnen hinsichtlich ihres sozialen und wirtschaftlichen Status in Deutschland beträchtlich. Vermutlich ist auch der Anpassungsdruck an den Lebensstil der deutschen Gesellschaft so groß, daß Vereinzelung und Individualisierung im täglichen Leben gegenüber dem Gemeinschaftssinn Oberhand gewinnen. Im übrigen bieten zahlreiche

deutsch-peruanische Freundschafts- und Part-
nerschaftsvereine häufig Gelegenheiten, heimische Musik und Tänze zu pflegen. Die Popularität der Salsa in den deutschen Diskotheken und
Vergnügungslokalen entbindet von der Not-
wendigkeit, Feste selber zu organisieren.

Allzu verständlich ist somit, daß in Deutschland ganz im Gegensatz zu den USA kaum Heimatvereine entstanden. Wenn sich hier
PeruanerInnen zusammenschließen, verfolgen
ihre Organisationen eher politische Ideen und
Ziele.

Die deutsche Staatsangehörigkeit wird selten
angenommen.

**Stellvertretend für die Peruanerinnen, die seit
dem Beginn der schweren peruanischen Wirtschaftskrise in den letzten Jahren nach
Deutschland kamen und hier in großer Unsicherheit und von ständigen Erniedrigungen
begleitet leben, erzählt eine peruanische
Krankenschwester aus ihren Erfahrungen:**

Mein Monatslohn im Krankenhaus in
Peru betrug nur noch fünfzig Mark. Ich
konnte mich nicht mehr satt essen. Mo-
natelang hatten wir gestreikt, aber nichts erreicht. Wir nahmen immer mehr Tuberkulose-
und Cholerakranke auf, und täglich wurden
Verwundete aus Provinzen, in denen der Krieg
tobte, ins Krankenhaus gebracht. Wir konnten
ihnen kaum helfen. Wir hatten fast keine Medikamente und nicht genug Personal. Ich mußte
ständig Überstunden machen. Ich war so müde,
so erschöpft, so überarbeitet und konnte das alles nicht mehr sehen.

Deshalb entschloß ich mich, nach Europa zu
gehen, um dort zu arbeiten. Über eine Freundin
fand ich die Adresse eines Vermittlungsbüros
heraus. Damit man für mich eine Arbeit in einem
europäischen Land suchen konnte, mußte ich allerdings im voraus eine hohe Gebühr entrichten.
Verwandte halfen mir, das Geld aufzubringen;
ich versprach, es ihnen zurückzuzahlen. Dann
unterzog ich mich einem psychologischen Test
und wurde für geeignet befunden, als Kinder-

mädchen in einer Diplomatenfamilie zu arbeiten.

So gelangte ich nach Deutschland. Aber es
war keine Diplomatenfamilie. Die Kinder, die
ich jeden Tag zur Schule brachte, waren sehr
ungezogen. Die Eltern sprachen nur ein paar
Worte Spanisch. Von früh bis spät schufftete ich
im Haus, sieben Tage in der Woche. Ich hatte
keine Zeit, Deutsch zu lernen. Ich konnte nicht
einmal sagen, wann ich müde war. Außer der
Familie, bei der ich lebte, kannte ich keine Leute.
Das war furchtbar! Schließlich hielt ich es nicht
mehr aus. Ich machte der Familie klar, daß ich
nicht mehr länger für sie arbeiten wollte. Sie gaben mir den Lohn, den ich in der Zwischenzeit
verdient hatte. Ich versuchte, mich damit eine
Weile durchzuschlagen. Allerdings reichte das
Geld nicht lange. Und mein Aufenthalt in
Deutschland war inzwischen auch nicht mehr
legal. Ich hatte keine wirkliche Ahnung von
Deutschland, als ich von Peru hierher kam. Niemand hatte mir erklärt, wie hier die Gesetze und
die Preise sind. Und ich litt auch sehr unter der
Kälte. Ich habe dann einige Landsleute kennengelernt, die ich ab und zu traf und die mir wichtige Ratschläge gaben. Man muß wirklich sehr
kämpfen, wenn man hier in Deutschland lebt. In
dieser schwierigen Zeit haben mir mein tiefer
Glaube und mein Vertrauen auf Gott sehr geholfen. Später habe ich meinen jetzigen Mann kennengelernt. Er sprach etwas Spanisch. Ich war so
froh, daß ich mit jemandem in meiner Sprache
sprechen konnte.

Ich war lange unsicher, ob ich in Deutschland
bleiben konnte. Heute bin ich verheiratet und ich
bin so froh, hier bleiben zu können. Ich fühle
mich jetzt so glücklich hier. Ich habe eine Arbeit
gefunden und kann langsam die Schulden bei
meinen Verwandten abbezahlen.«

Anmerkung

1 Statistisches Bundesamt, Wiesbaden 1994

Aufstieg zum Berggipfel des Schutzpatrons von Primero de Enero, eines Elendsviertels in Cusco, anläßlich des jährlichen Geburtstagsfestes.

Kulturelle und soziale Traditionen – Lebensbewältigung und Arbeit

Wie die Migration die peruanische Gesellschaft verändert*

Annette Holzapfel

Peru ist ein Land mit vielen Kulturen und Sprachen, dessen Amtssprache Spanisch und dessen offizielle Kultur europäisch geprägt ist. Seit der spanischen Eroberung werden die verschiedenen indianischen Kulturen und Sprachen aus dem öffentlichen Leben zurückgedrängt. Menschen, deren Identität und Lebensweise indianischen Traditionen entspringen, gehören meist auch den untersten sozialen Schichten an.

Mitbestimmung durch Bildung

Als billige Arbeitskräfte ohne Bildung auf den Plantagen, in den Bergwerken und Fabriken der weißen Oberschicht oder ausländischer Unternehmer waren die Menschen des Hochlandes und der Urwaldregionen lange von den Entscheidungen über die wirtschaftliche und politische Entwicklung des Landes ausgeschlossen. Aber im Zugang zur Bildung und in der Migration sehen sie ihre Chance, das wirtschaftliche und gesellschaftliche Leben mitzubestimmen.

Migration: eines der wichtigsten Elemente der sozialen, wirtschaftlichen und kulturellen Veränderungen in Peru

In die Städte waren die Menschen bäuerlicher Herkunft immer dann gekommen, wenn die dort ansässige Oberschicht Arbeitskräfte nachfragte. Seit den 20er Jahren verließen sie ihre Heimat, um sich dauerhaft in Cusco, anderen Departementshauptstädten oder in der Landeshauptstadt Lima niederzulassen. Sie drängten in die Städte, um sich aus Elend und Abhängigkeiten zu befreien. Sie veränderten nachhaltig das Bild der Städte. Während 1940 64 Prozent der PeruanerInnen auf dem Land wohnten,[1] lebten 1991 nur noch 20 Prozent dort.[2] Attraktiv sind nicht nur die großen Zentren, sondern auch die kleinen Provinzstädte, wenn sie über eine Sekundarschule, einen Markt oder Einrichtungen der öffentlichen Verwaltung verfügen. Diese kleinen Städte mögen dabei eine Zwischenstation auf dem Wege der Abwanderung in einen größeren Ort oder auch Ziel der Wanderung sein.

40% der PeruanerInnen leben heute nicht dort, wo sie geboren wurden.[3]

Die Migration zog tiefgreifende soziale und kulturelle Veränderungen im Lande nach sich. Ein vielfältiges Angebot an Dienstleistungen und ein starker informeller Sektor wurden fester Bestandteil der peruanischen Wirtschaft. Auch internationale Unternehmen nutzen die Produktion in der Schattenwirtschaft. Die ZuwanderInnen übernehmen Elemente der westlichen, städtischen Kultur und inte-

* Außer auf der im Anhang dieses Kapitels angegebenen Fachliteratur basiert das Kapitel auf Interviews mit 54 Migrantinnen und Migranten (18 in Lima und 36 in Cusco) und sechs Personen aus Bauerndörfern im andinen Hinterland Limas in den Jahren 1989 bis 1991, auf Beobachtungen bei Veranstaltungen von Migrantenorganisationen in Lima und Cusco in der Zeit von August 1989 bis Juli 1991 sowie auf Feldforschungen zu anderen Themen (aber auch bei Migrantinnen und Migranten) in den Jahren 1981 bis 1991.

grieren sie in ihre mitgebrachten Normen- und Wertesysteme.

Die »Cholos«, Mischlinge aus zwei Kulturen, stellen heute die Mehrheit der Bevölkerung Limas. Die MigrantInnen bewegen sich in zwei Kulturen, wobei sie ihre Maßstäbe und Verhaltensweisen je nach gesellschaftlichen Anforderungen entweder aus der einen oder aus der anderen Kultur schöpfen, ohne die Identität ihrer Ursprungskultur ganz aufzugeben.

Von den EinwohnerInnen der Departementshauptstadt Cusco waren 1987 64 Prozent ZuwanderInnen.[4] Der Anteil der ländlichen Bevölkerung innerhalb der Provinz fiel von 75 Prozent im Jahr 1940 auf 58 Prozent im Jahr 1981.[5] 31 Prozent der AbwanderInnen nach Lima gaben die Suche nach Arbeit als wichtigsten Grund an; 18 Prozent gingen zum Studium oder zum Schulbesuch in die Hauptstadt. 60 Prozent der MigrantInnen in Lima stammen aus dem Andenhochland.[6]

Lima

So wie die städtische Kultur bis in die abgelegenen Dörfer vordrang, kam das Andine nach Lima. Für die alteingesessene europäischstämmige Bevölkerung wurde die Stadt »häßlich«; die ZuwanderInnen verwandelten sie in ihre Welt, indem sie für ihre Herkunftskulturen einen Platz schufen.

Stifterehepaar des Limeñer Festes zur Wallfahrt zum Herrn von Qoyllur Rit'i; Migranten aus Quispicanchis, Dept. Cusco

Auf den Hauptverkehrsadern der Metropole veranstalten sie andine Feste. Im Nationaltheater präsentieren sich wie selbstverständlich berühmte Sänger und Sängerinnen sowie Musiker aus dem Hochland. Als der Sänger Victor Alberto Gil (»Picaflor Andino«) oder die Sängerin Leonor Chavez (»Flor Pucarina«) starben, glichen die Leichenzüge den katholischen Prozessionen der bedeutendsten Stadtheiligen. Soviele Menschen nahmen daran teil.

Kleine Küchen auf Rädern, die typische Gerichte aus den Anden anbieten und bewegliche Verkaufsstände erinnern an die Hochlandmärkte. Straßenhändler und -händlerinnen breiten auf den Bürgersteigen ihre Ware aus. Aus den Lautsprechern kleiner Marktstände schallen die Klänge andiner Hits. Meist geht es um die Liebe; manchmal fordern die SängerInnen ihre Landsleute auf, die herrschenden Verhältnisse zu verändern. »Micros«, Busse, die sich beinahe ausschließlich in der Hand von Zuwanderern befinden, signalisieren

Das Andine kam nach Lima

Als 1988 die Sängerin »Flor Pucarina« starb, glich das Begräbnis einer Prozession

durch ihre schrillen Farbkombinationen auch den Analphabeten, in welche Richtung sie fahren.

Meist lassen sich MigrantInnen aus einer Region im selben Stadtviertel nieder. Gemeinsam mit wohnungssuchenden StädterInnen besetzen sie Land in der Wüste oder an den Berghängen. Seit den 50er Jahren stellen die Elendssiedlungen, die durch solche Landbesetzungen entstehen, die vorherrschende Wohnstruktur der Hauptstadt dar. Aus ihnen entwickeln sich im Laufe der Zeit Wohnviertel mit mehrstöckigen Häusern.

Die Sängerin »Pastorita Huaracina« wurde 1980 ohne politische Karriere zur Kandidatin für die Parlamentswahlen vorgeschlagen

Im Arbeitskräfteaustausch zwischen befreundeten Familien – ähnlich wie in den Dörfern – werden die Behausungen in eigener Regie errichtet. Andine Richtfeste sind Tradition geworden. Auf Versammlungen diskutieren die politischen Basisvertretungen der Elendsviertel die wirtschaftliche und politische Lage. Sie planen Projekte für die Versorgung mit Strom und Wasser. Gemeinschaftsräume, Gesundheitsstationen, Schulen, Wege, Straßen sowie die Versorgung mit Strom und Wasser erstellen die BewohnerInnen gemäß ihren bäuerlichen Traditionen in Gemeinschaftsarbeit.

Heimatvereine fördern die Entwicklung ihrer Herkunftsregion

StraßenhändlerInnen bildeten ihre eigenen Interessenvertretungen. Die Zahl der Heimatvereine, in denen die Zugewanderten ihre Kultur pflegen, nimmt stetig zu. Über diese Einrichtungen fördern sie durch Eigeninvestitionen die Entwicklung ihrer Heimatregionen. Die Vertretung der TieflandindianerInnen und die Bauerngewerkschaften haben ihre Hauptsitze in Lima, um hier direkt der Regierung ihre Rechte und Bedürfnisse vorzutragen. Die Organisation der Kleinunternehmer, die fast ausschließlich andiner Herkunft sind, verschaffte sich Gehör bei den Politikern. Die Zuwanderer, die den Sprung ins Kleinunternehmertum schafften, stießen in ihrem wirtschaftlichen Tun mit der Zeit an Grenzen. 1990 äußerten sie mit der Wahl von Máximo San Roman, der aus einem kleinen Ort bei Cusco stammt, zum Vizepräsidenten zum ersten Mal öffentlich ihren Wunsch nach politischer Partizipation.

1990: Máximo San Roman, cusquenischer Migrant, wird Vizepräsident

Die MigrantInnen, die aus einem Dorf in die Stadt kommen, nehmen harte Lebensbedingungen in Kauf. Erfolgreich waren in der Regel die ersten Migrantengenerationen, weil sie Nischen im Wirtschaftsgefüge entdeckten. Vielen gelang es, sich eigene Maschinen zu kaufen. Sie hatten am Essen und am Lebensnotwendigsten gespart. Von Verwandten, Landsleuten oder auch von einer Spargenossenschaft erhielten sie kleine Kredite. Sie hatten ihre Ziele klar vor Augen und waren fest entschlossen, wirtschaftlich aufzusteigen. Die Augen aller, die in der Heimat verblieben waren, richteten sich auf sie. Bis heute bedeutet wirtschaftlicher Erfolg und sozialer Aufstieg in der Stadt Prestigegewinn in der Heimat. Zudem wollten sie die vielen Strapazen nicht umsonst auf sich genommen haben.

Erfolg und Aufstieg in der Stadt bedeuten Prestige in der Heimat

Billige Arbeitskräfte holten sich die ersten Migrantengenerationen für ihre im Aufbau befindlichen Betriebe aus ihren Heimatdörfern.

Auf einer Spendenveranstaltung der Heimatvereine aus der Provinz Paruro in Lima; ohne Musik und Tanz geht es nicht.

Das bedeutete für viele Neuankömmlinge einerseits harte Arbeitsbedingungen und sehr niedrige Entlohnung, andererseits aber auch einen sicheren Arbeitsplatz und die Gewißheit, in der Not von den Landsleuten Hilfe zu erhalten. Jede Migrantenkolonie entwickelte nach einer kurzen Zeit des Ausprobierens ihre eigene wirtschaftliche Tradition, indem die überwiegende Zahl der ZuwanderInnen einer bestimmten Gegend in derselben Branche aktiv wurde. Einige Kolonien spezialisierten sich auf die Stellensuche in der öffentlichen Ver-

**Jede Migranten-
kolonie entwickelt
ihre eigene wirtschaft-
liche Tradition**

129

waltung, andere wurden mehrheitlich Ingenieure oder Lehrer mit einer Nebenbeschäftigung als Ladenbesitzer. Die ZuwanderInnen anderer Orte widmeten sich der Herstellung von Textilien, Schuhen oder Ziegeln, dem Verkauf von Fleisch und Obst aus dem Heimatdorf. Die Daheimgebliebenen und die MigrantInnen in anderen Städten wurden in ein riesiges Händlernetz integriert, über das die Erzeugnisse der ersten und zweiten Generation landesweit vertrieben werden.

Einem Teil der zweiten Generation, die ihre Dörfer verließ, gelang ebenfalls der Schritt in die Selbständigkeit. Allerdings sind diese MigrantInnen oft gleichzeitig LohnarbeiterInnen und Selbständige: Sie arbeiten zum Beispiel tagsüber in einer Jeansfabrik und stellen abends zuhause eigene Textilien aus Jeansstoff her. Wer mit der dritten Generation in die Stadt kam, konnte meist nur abhängiger Arbeiter oder Kleinhändler werden.

So bildete sich innerhalb der Migrantenkolonien eine soziale Differenzierung heraus. Teils hat sie ihre Ursprünge bereits in der Heimat. Sie hängt aber auch davon ab, welcher Zuwanderergeneration jemand angehört und wie geschickt jemand im Entdecken von Marktnischen ist. Wirtschaftliche Tätigkeiten im Heimatort, der Zusammenhalt innerhalb der Kolonie, aber auch die jeweilige wirtschaftliche Konjunktur geben den Ausschlag für den Erfolg eines Migranten und seine Stellung innerhalb der städtischen Hierarchie seiner Landsleute.

Allerdings wird die Zugehörigkeit zu Landsleuten ganz verschieden empfunden und gewünscht. Einige junge MigrantInnen lösen sich aus Arbeitsverhältnissen mit Landsleuten wegen der schlechten Behandlung. Anderen sind aufgrund ihrer Ausbildung und ihren beruflichen Perspektiven neue soziale Netze wichtiger als der enge Kontakt zu den Menschen aus der Heimat.

Je nachdem wie ein Migrant das Beziehungsgeflecht in seiner Heimat erlebt hat und wie sich seine ganz persönlichen Lebenserfahrungen in der Fremde gestalten, unterscheiden sich auch die Kontakte, die mit der Bevölkerung in der Heimat gepflegt werden.

Liegt das heimatliche Dorf ganz in der Nähe, so werden dort Felder verwaltet oder bestellt und rege Kontakte zu den Daheimgebliebenen gehalten: Die Teilnahme an den Dorffesten und finanzielle Beiträge zur dörflichen Entwicklung sind für manche MigantInnen selbstverständlich. Es gibt auch andere, die viele Jahre nach dem Verlassen des Dorfes nur für einen Tag wieder dorthin kommen, weil die Mutter oder der Vater gestorben ist.

Das Bekanntmachen der andinen Folklore wurde bald nach der Zuwanderung der unteren Schichten aus dem Hochland kommerziell betrieben: In den 60er Jahren entstanden Kulturstadien, sogenannte »Kolisseen«, wo reiche Unternehmer die andinen Stars präsentierten. Kassetten- und Schallplattenproduzenten spezialisierten sich auf andine Musik. So erhält man diese Musik auch in Geschäf-

Soziale Differenzierungen innerhalb der Migrantenkolonien

»Den Worten des Armen wird niemals Bedeutung beigemessen, / Auch wenn er im Überfluß Rechte hat, / So überwiegen doch die Unterdrückungen. / Wenn er es aushält, ist er dumm. / Wenn er es nicht aushält, ist er schlecht. / Wer vier Pfennige stiehlt, den straft die Justiz, / Aber wer Millionen stiehlt, den himmelt die Justiz an. / In dieser Welt der Gerissenen / Lebt der Gerissene / Auf Kosten des Dummen. / Der Dumme lebt von seiner Arbeit / Und der Schlaue lebt von seiner Schläue.«

Aus einem Huyano des »Jilguero des Huascarán«

DOMINGO EN CHICHA

Por Ursos Huapaya

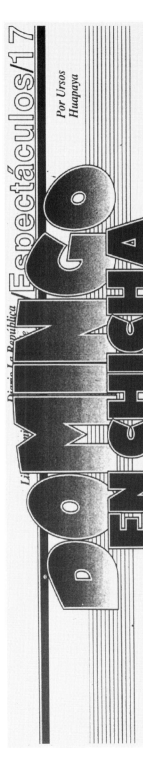

¿Qué pasa con la gente cumbiambera? se pregunta cada fin de semana Armando Candela, más conocido como Pompín... DICE QUE LOS promotores que dominan el ambiente chichero se creen dueños de la verdad... GILBERT CAUSTO, locutor de radio Inca, ahora le dicen Miguel Bosé.. JORGE LOZANO, gerente de la promotora Markahuasi, lo apodan el "matador". Dice que odia los toros es por eso que siempre se le ve en el camal de Yerbateros...EL GRUPO Maravilla de Jorge Chávez Malaver muy pronto viajará con destino a la tierra de Gardel. Sería la segunda oportunidad que emprenderá vuelo el grupo nacional...EN EL CENTRO Educativo José Carlos Mariátegui de El Agustino se realizará el próximo 24 del presente un sensacional bailongo con la presencia de las más destacadas orquestas folclóricas y salseras. Camaguey, Pepito Quechua, Las Estrellas de La Victoria, Solavaya, Los Cómicos Ambulantes, José Luis "El rebelde", Chinita Pucarina, Los Elegantes, La Progresiva, Los Olímpicos de Huancayo, Los Mojarras... LOS ORGANIZADORES regalarán bolsas con productos de primera necesidad. Asimismo, las primeras 1,500 personas ingresarán gratis mostrando su ejemplar del diario "La República"... LOS

ASTROS de América, de la voz líder de las cumbias pegaditas Claudio Morán, se presentarán esta tarde en la ciudad de Tumbes. Anoche estuvieron en Piura... EN EL CENTRO LAMPA se producirá una guerra de "G"... MIGUEL MENDOZA parece que volverá al grupo Markahuasi. Ahora para todo el día con Oscar Gamarra... LOS SUPERSENSUALES quedarán a un lado si es que esta semana llegan a un acuerdo satisfactorio... FREDY RIVERA y el Pumita Andy caminan para arriba y para abajo. Las malas lenguas dicen que otra vez se juntan.. EDILBERTO Cuestas Chacón, director del grupo Los Ecos y máximo representante de la AFDAY, volvió con fuerza y otra vez está confundido entre los cumbiamberos...LOS TEMAS del grupo Naranja del doctor Pedro Martín López causan furor. Su último tema "Falsedad" está dirigido para todos los promotores y cantantes... PEPE Irei, gerente de radio Inca, reveló que el 26 del presente madrugará con el fin de llegar temprano al Estadio Nacional para ver a su ídolo rockero Michael Jackson... CON EL PROGRAMA Ritmo Tropical no pasa nada. Dos meses y carece de argumentos y de una adecuada producción. Susy piensa en Marte, mientras que Maribel en Júpiter. En conclusión las dos están en la Luna...

Grupo Maravilla

Und sonntags: »Chicha«. Werbung für Migrantenkultur in Lima in der Tageszeitung »La Republica«. Adressaten: junge Leute.

ten der reichen Stadtviertel. Über zehn private Rundfunksender strahlen heute über hundert Migrantenprogramme mit Nachrichten auf Spanisch und Quechua sowie Musik aus der Heimat aus. Presse, Rundfunk und Fernsehen ersetzen heute vielfach die »Kolisseen«. In Folklorelokalen, den »Peñas«, die meist von der zugewanderten Provinzelite geführt werden, kann man bei typischen Speisen und Getränken zu den Klängen berühmter SängerInnen und »Orchester«[7] tanzen.

Die Kinder der ZuwanderInnen schufen ihre eigenen musikalischen Traditionen. Die »Chicha«, ein neues musikalisches Genre, das immer mehr Verbreitung findet, kann als Mischung aus Hochland-Huayno und karibischer Musik betrachtet werden. Schnelle Rhythmen, die dem hastigen Stadtleben entsprechen, werden auf elektrischen Guitarren und Schlagzeug produziert. Neben der Salsa gehört die Chicha zu der Musik, die am häufigsten im Radio erklingt und überall auf den Straßen und in den Bussen zu hören ist. Chichabands präsentieren sich im Fernsehen. In den »Chichódromos«, riesigen Freizeitfabriken, tanzt die Jugend zu der »tropischen Musik« (»musica tropical«), die ihrem Lebensgefühl wohl am ehesten entspricht. Viele Texte beschäftigen sich mit typischen Problemen der jungen Migrantengeneration: mit der Arbeitslosigkeit und der Liebe, mit frühem, unerwünschtem Kinderreichtum, dem Generationenkonflikt und individuellen Problemlösungen. Häufig sind sie versetzt mit volksreligiösem Glauben.

Ein Rechtsanwalt erinnert sich:

»Bei den Darbietungen in den Kolisseen, wo an die 15.000 Menschen waren, saß man so weit weg, daß man die Künstler nicht mal mehr sah. Die Migranten beschlossen, solche Konzerte selbst zu organisieren. Sie gründeten Vereine, und so gingen die Menschen nicht mehr in die Kolisseen, sondern sie kamen zum Fußball- oder Volleyballspiel in den Verein; dort tanzten sie zur heimatlichen Musik und unterhielten sich auf Quechua. Die Andenbewohner haben sich die christlichen Feste, obwohl diese aus Spanien stammen, zu eigen gemacht. Jedes Dorf hat sein Patronatsfest. Und diese Feste feiern wir nun auch in Lima. Sie bringen die Menschen aus der Heimat zusammen.

Eine Abordnung der quispicanchinischen Migranten pilgert auf den Berg Ausangate (4.600 Meter hoch) zum Herrn von Qoyllur Rit'i und bringt von dort das Fest nach Lima, wo es eine Woche später an einem Sonntag gefeiert wird. Unser Verein bereitet die Tanzdarbietungen, den Festschmaus, die typischen Getränke, die Prozession und die Messe vor. Die Messe wird in Quechua gelesen. Bei der Organisation des ganzen sind der Mayordomo und seine Frau –

beide werden für ein Jahr gewählt – die Hauptverantwortlichen. Der Mayordomo wacht über das Benehmen der Mitglieder und hat das Recht, sie auszustoßen; er steht Ratsuchenden bei und berät zerstrittene Eheleute.«

1957 gab es in Lima über 200 Migrantenvereine, 1980 waren es schon fast 6.000.[8] In diesen Klubs wird die mitgebrachte Kultur nicht als altmodisch abqualifiziert. Wenn der Druck zur Anpassung an die fremde Umgebung zu stark wird, dann ermöglichen diese Einrichtungen ihren Mitgliedern den Austausch mit Landsleuten, die ähnliche Erfahrungen machten. Sie können Musik aus der Heimat hören, tanzen, Alkohol trinken und ihrer emotionalen Verbundenheit zu ihrer bäuerlichen Heimat Ausdruck verleihen, ohne sich dessen schämen zu müssen.

1957 gab es Lima gut 200 Migrantenvereine – 1980 fast 6.000

Bis 1974 hatten die Ziele vieler Vereine eher politischen Charakter: Sie setzten sich bei der Regierung dafür ein, daß die Daheimgebliebenen von den Großgrundbesitzern nicht von ihrem Land vertrieben wurden. Außerdem kämpften sie für die rechtliche Anerkennung ihrer Heimatdörfer als eigenständige »Bauerngemeinden«. Heute widmen sich die Klubs vor allem sportlichen und kulturellen Aktivitäten; heimatliche Patronatsfeste haben ihre urbanen Entsprechungen. Junge und alte MigrantInnen finden Möglichkeiten der Freizeitgestaltung, junge Leute ihre EhepartnerInnen.

Viele Vereine kämpften für die Rechte ihrer Heimatdörfer

Die Vereine verkaufen Eintrittskarten für Folklorekonzerte, selbstzubereitete Speisen und Getränke. Die Erlöse können für den Kauf eines Grundstückes in der Stadt verwendet werden. Vornehmlich werden sie aber den Heimatorten für die Ausstattung oder den Bau einer Schule, die Anlage eines Wasserreservoirs oder einer Straße zur Verfügung gestellt. Oft ist der Verein der MigrantInnen die einzige Organisation, die sich für die Entwicklung eines Dorfes einsetzt. Deshalb halten viele MigrantInnen, die in ihre Dörfer zurückkehren, die Verbindung mit den Vereinen der »Ansässigen« aufrecht. Die städtischen Institutionen koordinieren auch Aktivitäten mit dörflichen Organisationen.

Oft ist der Verein die einzige Organisation, die sich für die Entwicklung der Heimat einsetzt

Ein Bauer aus dem Hinterland von Lima erzählt:

»Nach seiner Rückkehr ins Dorf sammelte mein Onkel alle fortschrittlichen jungen Männer um sich. Er erklärte uns die Probleme und die Entwicklungsmöglichkeiten unseres Dorfes. Wir trafen uns regelmäßig, um uns auszutauschen. Wir nahmen aktiv an den Dorfversammlungen teil. Inzwischen bekleiden die meisten von uns wichtige Ämter im Dorf. Bis heute kämpfen wir gegen Unwissenheit und Neid. Mein Onkel ist nun tot, aber wir, seine Kinder, setzen uns für den Fortschritt unserer Gemeinde ein, obwohl es uns viel Zeit und Kraft kostet. Vom ›Verein der Ansässigen‹ in Lima haben wir Spenden für die Erweiterung unseres Bewässerungssystems erhalten. Allerdings würden wir gerne noch mehr Unterstützung von ihnen bekommen.«

In einem zentralistischen Land wie Peru muß, wer für seine Heimat etwas erreichen möchte, in die Stadt gehen, am besten in die Hauptstadt. Verwandte, Paten oder Landsleute helfen einem dort weiter, denn Verwandtschaft, Patenschaft und gemeinsame Herkunft verpflichten und vermögen so manches in Bewegung zu versetzen.

Die Erfolge der städtischen Kolonie in der Heimat werden unterdessen von manchem Migranten idealisiert. Die Heimatvereine bieten einzelnen die Chance, sich zu profilieren. Ein Amt oder ein angesehener Beruf steigern das Ansehen im Heimatdorf. Durch den sozialen oder wirtschaftlichen Aufstieg in der Stadt lassen sich unter den Landsleuten am leichtesten Bewunderer und auch neue Kunden finden. Ärmere Personen können hier Rechtsanwälte, Politiker und Geschäftsleute kontaktieren, ein Möglichkeit, die sie sonst nicht haben. Die Väter der Männer, die die Ämter in den städtischen Migrantenvereinen einnehmen, besaßen oft schon in der Heimat wichtige Positionen. Nach andiner Tradition vertreten sie ihre Aufgaben immer zusammen mit einer Frau.

Die regionalen Zusammenschlüsse heben die gesellschaftliche Hierarchie der Heimat meist nicht auf. Die unterschiedlichen Interessengruppen bilden auch in der Stadt verschiedene Heimatklubs.

»In Colcha gab es Eingeborene *und* Mestizen, *die wir* Nachbarn *nannten. Die* Nachbarn *waren gebildet, sie sprachen spanisch, sie hatten wichtige Dorfämter inne. Sie besaßen Personalausweise und gingen zur Wahl. Mein Vater war immer ein Ratsmitglied. Sein Patenonkel war Großgrundbesitzer.«*
(Mann aus Colcha im Interview)

Hierzu der cusquenische Schriftsteller Angel Avendaño, der als Flüchtling nach Lima kam:

Im »Club Cusco« wird nur aufgenommen, wer in Cusco zum feudalen oder Provinzbürgertum gehört...

»Die cusquenische Oberschicht findet in Lima im ›Club Cusco‹ zusammen. In diese Einrichtung kann nur aufgenommen werden, wer in Cusco zum feudalen oder zum Provinzbürgertum gehört, Großgrundbesitzer und in einigen Fällen auch reich gewordene Geschäftsleute. Der Klub veranstaltet Feiern anläßlich des ›Tages von Cusco‹, am peruanischen Nationalfeiertag, am Muttertag und zu Weihnachten. Außerdem werden noch einige andere Feste der Region gefeiert. Migranten, die als Bauern nach Lima kamen, Arbeiter, Leute, die erst hier in Lima reich geworden sind, haben keinen Zutritt. Einen Bauern oder einen Arbeiter, jemanden, der ›Huaman‹ mit Zunamen heißt, nimmt der ›Club Cusco‹, selbst wenn er ein Millionär oder Milliardär sein sollte, nicht auf. Denn er hat ja keine edle, keine spanische Herkunft. ...

Der Zentralismus zwingt die Cusqueñer, nach Lima abzuwandern. In meiner Kindheit war eine Reise nach Lima für uns wie ein Flug zum Mars.

Die Migration begann nach dem Erdbeben von 1950, mit dem

Ausbau der Straßen und dem Bau des Flughafens. Vor 1950 waren die Cusqueñer mit Buenos Aires, La Plata, mit Bolivien und Chile verbunden. Bis 1940 wurden in Cusco nur Zeitungen aus diesen Ländern gelesen. Sehr lange wollten die Cusqueñer von Lima nichts wissen, denn der Aufstieg von Lima hatte den Niedergang der Stadt Cusco bewirkt. Aber die armen Cusqueñer sind nach Lima abgewandert. Die Cusqueñer betrachten sich als die einzigen rechtmäßigen Nachfahren der Inkas. Und wenn die Inkas Großes geschaffen haben, so glauben die Migranten, daß auch sie dies können.«

Für einige Campesinos ist die Stadt Cusco Zwischenstation auf dem Weg nach Lima; für andere ist sie das Ziel.

Cusco

Stolz auf ihre spanische und ihre indianische Geschichte, stellten die Angehörigen der Ober- und Mittelschicht der ehemaligen Hauptstadt des Inkareiches noch zu Beginn dieses Jahrhunderts die Bevölkerungsmehrheit. Aber die Indios strömten seit dem Ausbau der Straßen und verstärkt seit den 40er Jahren in die Stadt. Die ArbeiterInnen auf den Gutshöfen im Stadtgebiet ließen sich auf Dauer in der Stadt nieder. Kinder aus den Dörfern arbeiteten für eine minimale Verpflegung in den Häusern der Reichen und blieben in Cusco. Und neue MigrantInnen kamen hinzu. Von 1930 bis 1950 stieg die Einwohnerzahl von Cusco von 20.000 auf 80.000. Viele ZuwanderInnen wurden in den Herrschaftshäusern als Hausangestellte beschäftigt. Anderen wurde die letzte Kammer in den prächtigen Häusern vermietet.

Raumnot, untragbare hygienische Verhältnisse und schließlich das große Erdbeben von 1950 ließen um die Stadt herum riesige Elendsviertel entstehen. Seit den 60er Jahren klettern sie die Berge, die die Stadt umgeben, empor. Als die von MigrantInnen im Convención-Tal entfachten Aufstände die peruanische Landreform erzwangen, fürchteten die Großgrundbesitzer im Stadtgebiet von Cusco die Enteignung ihrer Ländereien. Deshalb zogen sie es vor, ihren ehemaligen ArbeiterInnen und den neu Zugewanderten ihr Land zu verkaufen. Die meisten MigrantInnen in Cusco erwarben ihre Grundstücke durch Kauf. Viele bildeten Vereine, um gemeinsam ein großes Stück Land aus dem Besitz einer Kirche, eines Klosters, eines Gutsherrn oder des reichen Wohlfahrtsverbandes zu erstehen. Bereits 1958 schlossen sich die 700 ArbeiterInnen und HändlerInnen des größten cusquenischen Tagesmarktes zum Verein »Vereinigte Märkte« (»Mercados Unidos«) zusammen. Auf dem Grundstück, das der Verein erwarb, befindet sich heute eines der größten Wohnviertel von Cusco.

Oft sahen Vereine und Einzelpersonen sich Schiebern – die mitun-

> Die Indios, von den spanischen Eroberern aus ihrer Stadt und von ihrem Land vertrieben, kehren zurück.

> 1958: Zusammenschluß von 700 Händlern und Arbeitern, um gemeinsam Land zu kaufen, auf dem sie ihre Wohnungen bauen konnten.

135

ter die ehemaligen Gutsherren selbst waren – ausgeliefert, erhielten keine Besitzurkunden und können in vielen Fällen bis heute nicht nachweisen, daß sie das Grundstück, auf dem ihr Haus steht, gekauft haben. In anderen Fällen wurde dasselbe Land zweimal an je verschiedene Personengruppen verkauft. Dies führt noch heute zu Auseinandersetzungen. Manchmal wurden Grundstücke an ZuwanderInnen verkauft, ehe enteignete Bauerngemeinden ihre Ansprüche anmelden konnten. So kam es zu Konflikten zwischen Bauern und armen StädterInnen.

Die MigrantInnen bauen ihre Häuser aus luftgetrockneten Lehmziegeln, für die sie die Gräser aus 4000 Meter Höhe holen. In Gemeinschaftsarbeit oder im Arbeitskräfteaustausch – so wie es ihren bäuerlichen Traditionen entspricht – befestigen die BewohnerInnen der Elendssiedlungen Straßen und Wege, verlegen Wasserleitungen und Abwasserkanäle. Der Stadtrat von Cusco ist dafür bekannt, daß er sich um Kredite aus dem In- und Ausland für die Finanzierung solcher infrastruktureller Maßnahmen bemüht. Denn die Bevölkerung, die auf den lehmigen Hügeln am Stadtrand lebt, stellt inzwischen die Mehrheit des Wählerpotentials.

Aufgrund der räumlichen Nähe zum Herkunftsort, wo familiäre Kontakte aufrechterhalten, Felder genutzt und mit dessen BewohnerInnen Geschäftsbeziehungen bestehen, sind viele städtische MigrantInnen in Cusco an der Entwicklung ihrer Heimatdörfer interessiert. Außerdem betrachten sie sich als moderner und möchten den Fortschritt zu ihren Landsleuten bringen. Dies versuchen sie über ihre Heimatvereine zu erreichen.

Pedro Huaman, der Vorsitzende des Vereins
»Club Centro Social Yaurisqui«:

»Hier in Cusco leben ungefähr 250 Familien aus dem Distrikt Yaurisqui. Unser Verein wurde am 23. November 1988 gegründet. Er führt Sport- und Kulturveranstaltungen durch. So manchem Landsmann ist er schon bei der Stellensuche behilflich gewesen. Außerdem beantragen wir Infrastrukturmaßnahmen bei den Regierungsbehörden und klopfen an die Türen ausländischer Institutionen, die Entwicklungshilfeprojekte durchführen. Auf diese Weise helfen wir unserem Distrikt, sich aus der Unterentwicklung zu befreien. Er soll mit elektrischem Strom versorgt und durch die Vollendung der Straße Cusco-Santo Tomás mit der Stadt Arequipa verbunden werden.«

Werbung für eine Tanzveranstaltung in Tinta, eines ländlichen Städtchens im Departement Cusco.

Auch in Cusco existieren neben den Klubs der Armen die Vereine der reichen ZuwanderInnen, die althergebrachte Sozialhierarchien in der Stadt beibehalten möchten:

»Es gibt immer einen Unterschied. Wir, die Mestizen aus der apurimenischen Mittelschicht, wir wohnen hier unten in der Stadt. Die armen Zuwanderer aus Apurímac leben oben an den Berghängen.

Wir haben unseren Heimatklub. Alle Mitglieder sind erfolgreiche Geschäftsleute. Wir halten unsere Heimat lebendig, indem wir unsere Musik und unsere Tänze pflegen. Bauern können in unserem Klub nicht Mitglieder werden. Sie fühlen sich uns unterlegen.«

Verbindungen von städtischer und ländlicher Wirtschaftsweise

Männer finden in der Regel vorübergehende Beschäftigungen als Saisonarbeiter im Baugewerbe. Frauen spezialisieren sich meist auf den Verkauf landwirtschaftlicher oder industrieller Produkte an einem festen Stand auf dem Markt oder in ihrem Wohnviertel. Die Arbeiten werden mit Saat- und Erntearbeiten auf ihren Feldern oder denen ihrer Eltern kombiniert, da die heimatlichen Dörfer in Tagesreisen zu erreichen sind. Verwandte oder Freunde werden für die übrige Zeit des Jahres verpflichtet, die anfallenden Feldarbeiten zu erledigen oder das Land wird ihnen sogar zur Nutzung überlassen. Dadurch werden wichtige Reziprozitätsbeziehungen[9] aufrechterhalten. Die Mischung aus städtischer und ländlicher Wirtschaftsweise garantiert der Familie die stetige Versorgung mit Nahrungsmitteln und ergänzt das Verkaufsangebot auf dem Markt. Außerdem erleichtert sie den MigrantInnen, die in der Stadt nicht erfolgreich sind, die Rückkehr ins Dorf.

In den Elendsvierteln gehören Hühner, Schafe und Schweine mit zum Straßenbild. Die MigrantInnen veränderten das Bild der Stadt entscheidend. Die Händlerinnen, die auf der Straße selbstzubereitete Mahlzeiten oder Obst anbieten, das mit dem Zug aus den tropischen Anbaugebieten im Osten nach Cusco gelangt, kleiden sich in der Tracht ihrer Herkunftsregion; sie sprechen neben Spanisch auch Quechua. Arme Bäuerinnen aus der Umgebung kommen stundenweise in die Stadt, um selbstgefertigtes Kunsthandwerk den Touristen anzubieten. Dienstleistungen sind billig: Kinder tragen für ein paar Pfennige Trinkgeld die schweren Einkaufstaschen zum Bus.

Lastenträger ersetzen die Autos auf den steilen Straßen und Gassen der Stadt

Träger, oft Analphabeten aus den Dörfern, die außer ihrer abgewetzten Kleidung nichts besitzen und auf der untersten Stufe der gesellschaftlichen Hierarchie stehen, ersetzen die Lastwagen auf den steilen Straßen und Gassen.

Die MigrantInnen, von denen viele bereits als Kinder nach Cusco

»*Als ich Kind war, arbeitete ich im Haus der Reichen und aß die Reste, die sie mir übrigließen. Ich wusch jede Menge Wäsche, bügelte und flickte sie und kochte.*
...
Wie ein verlassenes Hündchen schlief ich armes Waisenkind auf der Straße.
Niemand verstand meine Lage.
Unterdessen wurde ich älter.
Ich wurde zum Mitglied der verfassungsgebenden Versammlung ernannt.
Vielen Dank, mein Volk!«

(Aus dem Huayno »Ein Stück Jugend aus meinem geliebten Vaterland« des Jilguero de Huascarán)

kamen, um die Schule zu besuchen oder zu arbeiten, weil sie der Willkür eines Gutsherrn zu entrinnen versuchten, Halbwaisen oder Waisen waren, gerieten in der Stadt in neue Abhängigkeitsverhältnisse von ihren »Patrones«.

Oft wohnten die Kinder bei ihren Paten, die ohnehin eine billige Arbeitskraft für den Haushalt suchten. Oder sie fanden mit der Hilfe ihrer »kleinen« Landsleute eine Arbeit. Mühsam mußten sie sich aus diesen Abhängigkeiten befreien, wenn sie eine Familie gründeten.

Wer es zum Kleinhändler, zur Kleinhändlerin oder gar zum Besitzer eines Ladens bringt, hat sich in der Stadt gut etabliert. Eine feste und dazu noch gut bezahlte Anstellung zu finden, ist kaum möglich. So leben die MigrantInnen immer wieder von Zeitverträgen für ein paar Tage oder Wochen. Kollegen und Freunde helfen ihnen bei der Suche, und Christus und die Jungfrau Maria, denen sie sich anvertrauen.

Ein älterer Bewohner eines Elendsviertels:

»Der Schutzpatron unseres Viertels, der Herr des Kreuzes, für den wir jedes Jahr am ersten Januar ein Fest dort oben auf dem Berg veranstalten, ist sehr wundertätig. Wir vertrauen auf ihn. Wir geben ihm unsere Zuneigung. Wir bitten ihn, uns gesund zu erhalten und unser Trinkwasser nicht versiegen zu lassen. Ich bete jeden Morgen zum Herrn und er hilft uns. Heiligstes Kreuz! Der Herr beschützt uns; er wacht über uns. Und er beschützt auch unser Vieh oben auf dem Berg. Wenn ich mein Haus verlasse, bitte ich ihn um Arbeit. Deshalb fehlt es mir nie an irgendwelchen Tätigkeiten. Und da ist die wundertätige Jungfrau, für die wir hier eine Kapelle gebaut haben. Auch ihr empfehle ich mich.«

Die MigrantInnen greifen nicht nur auf gewohnte Strukturen und Traditionen zurück, um sich in der Stadt zurechtzufinden. Sie bauen sich darüberhinaus außerhalb des Vertrauten neue soziale Netze auf. Denn Arbeit muß auch ohne die Hilfe von Landsleuten, Paten und Verwandten gefunden werden.

Beispielsweise sind die Arbeitsbedingungen im Baugewerbe oft schwierig:

Ein Familienvater aus einem Elendsviertel:

»Die Aufträge nehmen die Ingenieure, die Firmen an. Sie haben kein Gewissen; sie bezahlen wenig, und ohne Sozialleistungen. Aber wenn man gut arbeitet, verlängern sie einem den Vertrag. Allerdings

»Wir tanzen als Qhapaq Qolla. Diesen Tanz haben unsere Großväter aus ihren Dörfern in den Provincias Altas nach Cusco gebracht. Wir tanzen, weil wir ein tiefes Vertrauen in die Mama Natividad, diese wundertätige Jungfrau, haben. Sie hat bei uns Wunder bewirkt. Sie soll uns stets begleiten und uns Kraft schenken, gegen die Widerwärtigkeiten des Lebens zu kämpfen. Sie soll uns gesund erhalten und uns ihren Segen spenden, so daß wir immer Arbeit haben, und unser Land trotz der drastischen Preissteigerungen Fortschritte macht.«
(Junge Migranten auf einem Fest in Cusco)

FESTIVIDAD RELIGIOSA EN HOMENAJE A SANTA ROSA DE LIMA Y NIÑO JESUS DE PRADA PATRONA DEL DISTRITO DE COLCHA PROV. PARURO DPTO. CUZCO CONCELEBRADA EN SU DECIMO CUARTO ANIVERSARIO DE SU BENDICION EN LA CIUDAD DE LIMA Y EN EL DISTRITO DE COLCHA.

ASOCIACION   DISTRITAL   COLCHA

LUGAR   :   Centro Educativo 6019 (Colegio Mariano Melgar ubicado en el Centro Técnico Mariano Melgar Cono Sur, último paradero Expreso 3 Ikarus).

DIA   : 28 DE JULIO DE 1991

PRIOSTES

CLUB SOCIAL HIJOS DE COLCHA RESIDENTES EN EL CONO SUR

LIMA   PERU

Einladung zum Fest der »Heiligen Rosa von Lima mit dem Jesuskind von Prada«, Schutzpatronin des Distriktes von Colcha, Provinz Paruro, Departement Cusco. Veranstalter ist der »Sozialclub der Söhne von Colcha« in Lima.

140

SOLEMNES CULTOS
Y FESTIVIDAD
en honor al
SEÑOR DE
QOILLUR - RIT'I
Patrón del Club Provincial
Quispicanchi

Organiza:
LA HERMANDAD DEL SEÑOR
DE QOILLUR - RIT'I (Lima)

Iglesia Parroquial de
NUESTRA SEÑORA DE MONSERRATE
Del 08 de Junio al 24 de
Junio de 1990
LIMA - PERU

Einladung zum Fest des Herrn vom Qoyllur Rit'i, Schutzpatron des Provinzclubs von Quispicanchis, Departement Cusco in Lima. Veranstalter: Die Bruderschaft des Herrn vom Qoyllur Rit'i in Lima.

gibt es auch solche, die ihre Arbeiter gar nicht bezahlen. Oder sie zahlen zu wenig. Aber wir Armen können nur arbeiten und arbeiten, und wenn wir uns beschweren, werden wir entlassen. Arbeitsplatzsicherheit gibt es zwar dem Gesetz nach, aber in Wirklichkeit gibt es so etwas nicht. Zumindest nicht für die kleinen Leute. Wir haben gestreikt, Opfermärsche und Hungerstreiks gemacht. Dann wurden die Anstifter gesucht, und diese wurden auf andere Baustellen geschickt. Die meisten von ihnen haben wir niemals mehr wiedergesehen. Manche mußten in den Norden des Landes.«

Wenngleich die vielen Feste des katholischen Kirchenkalenders pompös und ausgiebig gefeiert werden, alte und junge Menschen sich zu Spenden für die Heiligen und die Jungfrau Maria verpflichtet fühlen, und auch junge Männer zu Ehren der Muttergottes oder des Herrn von Qoyllur Rit'i viele Tage und Nächte lang tanzen, so sehen

»Schau! Es ist zwar wichtig, die Jungfrau Natividad zu verehren, aber man muß auch reagieren. Bei soviel Bürokratie! Sehen Sie sich unser Land doch an! Die Regierenden töten uns durch den Hunger. Wir sind aber nicht ihre Lämmer, die ihr Gras fressen! Wir glauben an Gott und vertrauen auf Maria, aber man muß auch an die Politik denken. So wie die Preise steigen, werden die Leute irgendwann keine Feste mehr feiern.«
(Junger Mann aus Cusco)

doch immer mehr Jugendliche der zweiten oder dritten Zuwanderergeneration die Lösung ihrer Probleme in politischen Veränderungen.

Während der Wunsch nach mehr politischer Mitbestimmung wächst, ändern sich auch die kulturellen Eigenarten, Vorlieben und Verhaltensweisen. Die Bindung an die Heimat läßt nach und die Teilnahme an den religiösen Feierlichkeiten verweltlicht. Denn gleich, wo sie leben, sind sie doch alle dem Einfluß der urbanen euro-amerikanischen Universalkultur unterworfen, insbesondere die MigrantInnen, die in die Städte kamen, um die als höherwertiger geschätzte »Weltkultur« zu verinnerlichen und so selbst »wertvoller« zu werden.

Sie schildern, wie sie Veränderungen an sich selbst wahrnehmen:

Eine Migrantin in Cusco:

»Schon möglich, daß die Migration für die Städte zahlreiche Probleme auslöst. Aber schließlich sind wir hierher gezogen, weil es keine Entwicklung in den Kommunen gab. Unsere Dörfer wurden nicht entwickelt. Deshalb leben heute soviele von uns hier. Deshalb passen wir uns den städtischen Werten an, ändern unsere Ansichten und unser Verhalten. Wir sind nicht mehr dieselben wie vorher.«

»Wir sind nicht mehr dieselben wie vorher.«

Peruanische Heimatvereine im Ausland

Religiöse Praktiken helfen den AbwanderInnen überall in der Fremde. Aber ihre seelische Bedeutung nimmt ab. Lösungen werden eher in der politischen und alltäglichen Lebenspraxis gesucht. Solidargemeinschaften und andere Zusammenschlüsse helfen den MigrantInnen – auch in der Fremde – ihren Alltag zu meistern. In den USA zählte der peruanische Migrationsforscher Altamirano 300 peruanische Heimatvereine.[10] In Spanien wurden 18 peruanische Selbsthilforganisationen gezählt.[11] Für Japan sind noch keine Zahlen bekannt. In Deutschland ist die Situation ebenfalls unklar. Aber in irgendeiner Form treffen die PeruanerInnen sich, finden oder schaffen Orte der Identifikation, Orte der Orientierung oder der Erinnerung und Pflege heimatlichen Lebensgefühls.

Anmerkungen

1 Matos Mar, 1984.

2 Instituto Cúanto?/UNICEF, 1991.

3 Instituto Cúanto?/UNICEF, 1991.

4 Municipalidad del Cusco, 1988.

5 Instituto Nacional Estadístico/Universidad Peruana Cayetano Heredia, 1985.

6 Instituto Cúanto?/UNICEF, 1991.

7 Das andine »Orchester« besteht aus Geigen-, Klarinette-, Saxophon- und Harfenspieler.

8 Altamirano 1984.

9 REZIPROZITÄT: Beziehungen auf Gegenseitigkeit, die Ansprüche und Verpflichtungen innerhalb der Dorfgemeinschaften beinhalten.

10 Altamirano, 1990.

11 Blanca Berlin: Peruanos: nostalgia de su tierra. In: Carta de España, No. 482, Juni 1994.

Die wichtigsten Literaturangaben

Altamirano, Teófilo
Presencia andina en Lima Metropolitana, Lima, 1984

Altamirano, Teófilo
Los que se fueron. Peruanos en Estados Unidos, Lima, 1990

Centro de Educación y Comunicación Guamán Poma de Ayala. Crónicas Urbanas – análisis y perspectivas urbano-regionales, Revista anual, Okt. 1989

Instituto Cúanto/Unicef (eds.)
Niveles de vida – Perú: súbidas y caídas, Lima, 1991

Instituto Nacional de Estadística/Universidad Peruana Cayetano Heredia: Departamento Cusco, Cusco, 1985

Golte, Jürgen & Norma Adams
Los caballos de Troya de los invasores. Estrategias Campesinas en la conquista de la gran Lima. Lima, 1987

Mangin, William
The Role of Regional Associations in the Adaptation of Rural Population in Peru. In: Sociologus, Vol.9, 1970

Matos Mar, José
Desborde popular y crisis del Estado. El nuevo rostro del Perú en la década de 1980. Lima, 1984

Moßbrucker, Harald
Dorfstruktur und Migration in Peru. Saarbrücken Fort Lauderdale, 1991

Moßbrucker, Harald
Bauern und Migranten. Über den Zusammenhang zwischen sozioökonomischer Organisation andiner Dörfer und Stadtmigration in Peru. In: Zeitschrift für Soziologie, Jg. 20, Heft 1, Febr. 1991: 50 – 63

Municipalidad Provincial de Cusco (ed.)
Diagnóstico socio-económico de la Provincia de Cusco, Cusco, 1988

Quijano, Aníbal
Dependencia, urbanizacíon y cambio social en Latinoamérica, Lima, 1977

Quijano, Aníbal
Dominación y cultura – Lo cholo y el conflicto cultural en el Perú, Lima, 1980

Steinhauf, Andreas
Migration und gesellschaftliche Umbildung in Peru. Der Weg in eine andere Modernität? In: Peripherie, Nr.49, 13. Jahrgang, März, 1993: 36 – 50

Verdera, Francisco
La migración a Lima entre 1972 y 1981. Anotaciones desde una perspectiva económica, Lima 1986

»Ich werd's ausprobieren, und wenn's gut läuft, dann bleibe ich«

Die Migration der PeruanerInnen aus der Sicht des peruanischen Migrationsexperten Teófilo Altamirano

Aufgezeichnet von Annette Holzapfel

»Wie entstand die Migration vom Land in die Stadt?«

»Die Gründe dafür, daß die Menschen aus dem Hochland abwandern, sind vielfältig. Einerseits entstanden sie aus der Landknappheit durch die Ausdehnung der Gutshöfe. Sie liegen aber auch im Mangel an bewirtschaftbarem Land der Andengemeinden, so daß es zu wenig Arbeit für die Menschen dort gibt. Andererseits dringen die Medien und die Straßen immer weiter in die Dörfer vor. Die Stadt erscheint als attraktiver Anziehungspunkt. Der Kleinbauer möchte aus seiner dörflichen Umgebung ausbrechen, um andere Dimensionen, um eine andere Kultur kennenzulernen.

Auch die Schule in der Andengemeinde orientiert sich weitgehend an städtischen Entwicklungsmodellen und Verhaltensnormen. Die Kinder lernen, die Stadt höher zu bewerten als das Dorf. Aber auch die informelle Erziehung spielt da hinein. Die Eltern möchten, daß ihre Kinder ›etwas Besseres werden‹ als sie selbst und das können sie nur, wenn sie in die Stadt ziehen. Denn die Stadt verheißt ihnen den sozialen und wirtschaftlichen Aufstieg.

Verwandte, die schon in der Stadt leben, stellen eine moralische und psychologische Sicherheit dar. So verringern sich die Risiken, die mit der Abwanderung verbunden sind.

Es gibt immer mehrere Ursachen für die Abwanderung von Menschen. Aber *eine* ist letztendlich ausschlaggebend. Das kann das Bedürfnis nach Bildung, die Arbeitssuche oder ein gesundheitliches Problem sein. Und dann gibt es noch die Nachfrage der Stadt: Denn die Stadt braucht Arbeitskräfte, um zu wachsen. Sie verdankt ihr Wachstum zu einem großen Teil den Zuwanderern.

Die verschiedenen sozialen Schichten sind nacheinander vom Land in die Stadt abgewandert.

Zuerst – von 1940 bis 1950 – zog die Oberschicht in die Stadt, die Elite, die in den Provinz- und Departementshauptstädten die Lokalmacht darstellte. Die Gesundheitsversorgung und die Bildungsmöglichkeiten auf dem Lande waren unzureichend. Außerdem hoffte sie, durch die Ansiedlung in der Stadt an Prestige zu gewinnen. In den 60er und 70er Jahren schlossen sich die Mittelschicht und einige Kleinbauern diesem Abwanderungsprozeß an. Nachdem sich die Bauern durch die Landreform und die Auflösung der Gutshöfe aus ihrer Abhängigkeit von den Großgrundbesitzern befreien konnten, wanderten sie in Massen ab. Seitdem überwiegen die bäuerlichen Zuwanderer.«

»Was sind das für Menschen, die aus ihrer Heimat fortziehen?«

»Diejenigen, die das Risiko scheuen, die sich ihrer Familie verbundener fühlen, die weniger Bildung haben, wandern seltener ab. Wer abwandert, muß sich neuen und ständig verändernden Lebenssituationen stellen. Die Kinder mit der besten Ausbildung haben die geringste Angst vor diesen Risiken. Sie sind abenteuerlustig und empfinden am stärksten den Wunsch nach Veränderung. Sie sind bereit, die neuen Anforderungen der Stadt zu erfüllen. Die Migration erfaßt die Besten. Für die Entwicklung der ländlichen Gegenden ist das äußerst gefährlich: Die Fähigsten gehen fort.

Dasselbe gilt für die internationale Migration. Diejenigen, die ins Ausland abwandern, sind fähiger, sich anzupassen und mit schwierigen Situationen umzugehen. Sich in eine fremde kulturelle Umgebung zu begeben, bedeutet notwendigerweise, neue, bisher nicht gedachte Lösungsmöglichkeiten auszumachen. Man kann ja weder wissen noch vorhersehen, was einmal passieren wird.«

»Welche Verbindungen bestehen zwischen dem politisch-sozialen Geschehen und der Veränderung der Migrationsformen?«

»Fast ein Drittel der peruanischen Bevölkerung lebt in Lima. Das Bevölkerungswachstum der Stadt geht vor allem auf die Zuwanderung aus dem Landesinneren zurück. Lima war immer und ist auch weiterhin der bedeutendste Zuwanderungsort. Vergleichsweise kommen aber heute weniger Menschen nach Lima als früher. Inzwischen übernehmen andere Städte die Rolle, die Lima in den 40er und 50er Jahren für die Migranten spielte. Nach Lima verzeichnet heute Arequipa die stärkste Zuwanderungsrate. Dann folgte bis vor einiger Zeit Chimbote; heute dürfte Chiclayo oder Piura an dritter Stelle stehen. Im Hochland besitzen Juliaca, Huancayo und Cusco die stärkste Zuwanderung.

Die Bevölkerung dieser mittleren Städte wächst sehr rasch, eben durch die Zuwanderung. Das jährliche Bevölkerungswachstum von Lima liegt mit 2,9% zwar über dem Landesdurchschnitt; die Einwohnerzahl von Juliaca und Cusco nehmen aber pro Jahr um 4% zu.

In der Vergangenheit zogen die Küstenplantagen zahlreiche Arbeitskräfte an. Die Genossenschaften, in die man sie umwandelte, können aber nicht mehr so viele Arbeitskräfte aufneh-

men.[1] Auch die Abwanderung in die Bergbaugebiete hat entscheidend abgenommen. Da weltweit die Preise für Metalle gesunken sind, können die Fördermengen nicht mehr steigen. Eine Reihe kleinerer und mittlerer Bergwerke wurde geschlossen. So konnten keine zusätzlichen Arbeitskräfte mehr beschäftigt werden. Die Verstaatlichung hat die Probleme nicht lösen können.[2]

Ich glaube, daß die Abwanderung jetzt auch dadurch eingeschränkt wurde, daß beinahe überall im Tiefland mit politisch motivierter Gewalt gerechnet werden muß. Es gibt dort nur noch wenige Orte, in die man abwandern kann. Wahrscheinlich gehen die Leute jetzt vor allem in das Tal der Convención und nach Puerto Maldonado.«[3]

»Welche Formen der Abwanderung gibt es?«

»In den 40er und 50er Jahren stand die direkte Abwanderung vom Dorf nach Lima an erster Stelle. Eine andere Form der Migration verläuft in Etappen: Die Migranten ziehen von ihrem Herkunftsort zunächst in eine mittlere Stadt und von dort dann nach Lima.

Bis in die 70er Jahre herrschte die permanente Migration vor. Die Stadt war in der Lage, die Zuwanderer aufzunehmen und sie mit den notwendigsten Dienstleistungen zu versorgen.

Mit dem Beginn der peruanischen Wirtschaftskrise verlor jedoch die Stadt ihre Aufnahmekapazität. Vor allem die Industriebetriebe konnten keine Arbeitsplätze mehr anbieten. Viele Menschen sahen sich gezwungen, ihre Migrationsabsichten neu zu überdenken.

Derzeit migrieren die Menschen in Peru meist temporär. Sie ziehen es jetzt zudem vor, in eine mittelgroße Stadt in der Nähe ihres Heimatdorfes zu ziehen und dort zu bleiben. Da die Stadt keine dauerhaften Beschäftigungen mehr bietet, wird das Risiko gemindert, indem sie sich Einkommensmöglichkeiten aus landwirtschaftlichen Tätigkeiten offenhalten. Sie können jederzeit in ihr Dorf fahren oder in der Stadt arbeiten.

Eine Verbesserung der Lebenssituation durch

Abwanderung in eine Stadt wird immer unwahrscheinlicher. Gleichzeitig verringern sich die Möglichkeiten, das Leben im Heimatort zu gestalten. Sowohl die Stadt als auch das Land weisen die potentiellen Migranten zurück. Das kann dazu führen, daß junge Leute – potentielle Abwanderer – den Weg der Gewalt wählen und auf diese Weise ihre Probleme zu lösen versuchen.

Wir haben über die Menschen gesprochen, die selbst die Entscheidung treffen, zu migrieren. Ihre Motive sind: wirtschaftlicher Aufstieg und Bildung für ihre Kinder.

Es gibt aber auch die Zwangsmigration, die unfreiwillige Abwanderung. Es gibt viele Geisterorte: Alle Einwohner sind fortgezogen und niemand kehrt zurück. Seit 1980 gibt es Bauern, die niemals daran gedacht hatten, ihr Land zu verlassen. Sie sahen sich gezwungen, ihre Heimat zu verlassen. Sie ziehen fast immer in die Städte, weil sie dort Verwandte haben, die ihnen bei der Umstellung auf die neue Umgebung behilflich sein können. Diese Migranten profitieren ein bißchen von der Schattenwirtschaft in der Stadt und ein bißchen vom Land, weil sie ihre bäuerliche Mentalität nicht aufgeben.

Aus allen diesen Gründen kommt heute die temporäre Migration am häufigsten vor: Man lebt einen Teil des Jahres auf dem Land und den anderen Teil in der Stadt.

Wer in der Fabrik arbeitet, bekommt nur einen Monat Jahresurlaub; bei einer Tätigkeit in der Schattenwirtschaft kann man über seine Zeit freier verfügen. Somit kann man selbst entscheiden, wann man aufs Land zurückkehrt und wann in die Stadt.

So bringt die peruanische Wirtschaftskrise eine neue Art von Migranten hervor. Diese Menschen ergänzen ständig das wenige, was das Land anbietet, mit dem wenigen, was die Stadt anbietet, um ihr Leben zu sichern.

Während die Zuwanderer, die auf immer weggehen, sehr schnell das städtische Leben annehmen, führen die Migranten, die immer hin- und herfahren, eine Art Doppelleben: Sie sind Städter, wenn sie in die Stadt kommen, und Dörfler, wenn sie aufs Land gehen. Sie bewegen sich ständig zwischen zwei Welten. Daraus entstehen aber keine Persönlichkeitskonflikte, denn der Unterschied zwischen Stadt und Land ist nicht mehr so offenkundig. Früher waren es zwei völlig verschiedene Welten. Früher kehrten die Abgewanderten für ein bis zwei Wochen zum Dorffest oder zum Elternbesuch in die Heimat zurück und fuhren dann wieder in die Stadt. Heute sind Fortgehen und Rückkehr viel fließender, mit Ausnahme der Gebiete, in denen politische Unruhen herrschen.«

»Wie sind die Beziehungen der Abwanderer zur Heimat?«

»Obwohl Puno wesentlich weiter von Lima entfernt ist, fahren die Aymara genauso oft in ihre Heimat wie die Migranten aus dem Mantaro-Tal.[4] Die Aymara fühlen sich ihrer Heimat viel mehr verbunden, deshalb kehren sie öfter zurück. Ich glaube, es gibt ein wenig untersuchtes, aber wichtiges Motiv, das mit der ›Kultur des Regionalismus‹ zusammenhängt: Den ganzen Bestand an Ideologien, Werten und Normen, den die Menschen sich aufgrund ihrer geographischen Herkunft bewahren, werfen sie in der Stadt nicht so leicht über Bord. Ihre kulturelle Identität wird in der Stadt geschmiedet und entsteht im Dorf wieder neu. Oft wird das Leben im Dorf im nachhinein idealisiert.

Das ist nicht nur ein romantischer und spiritueller Akt, sondern hat auch einen entscheidenden Einfluß auf die Bevölkerungsentwicklung. Denn die Menschen bleiben so ihrer Heimat verbunden. Sie gründen ›Regionalvereine‹ (Heimatvereine) und engagieren sich für ihre Heimatorte. Sie kehren in ihre Heimat zurück, weil sie sich den Daheimgebliebenen gegenüber verpflichtet fühlen. Sie werden nicht so schnell zu Städtern und passen sich nicht so rasch an. Das Ihrige aufzuwerten, verleiht ihnen Zufriedenheit und innere Ruhe.

Die ›*Kultur des Regionalismus*‹ läßt den Wunsch zur Rückkehr reifen; deshalb kehren so viele Migranten zurück.«

»Aus welchen Gründen kehren Migranten endgültig in ihre Heimat zurück?«

»Jeder Prozeß der Abwanderung schließt früher oder später eine Selbstbefragung mit ein. Der Migrant fragt sich: ›Gut, was habe ich geschafft? Was habe ich erreicht? Das waren meine Perspektiven! Habe ich sie erfüllt?‹

Früher bezeichnete man diejenigen, die zurückkamen als ›Gescheiterte‹, denn sie waren in die Stadt gezogen und hatten sich dort nicht anpassen können. Solche Menschen waren früher schlecht angesehen. Aber dieses Bild vom gescheiterten Heimkehrer verändert sich in dem Maße, in dem die Migration immer temporärer wird. Die Leute kommen und gehen. Die Rückkehr in den Heimatort wird nicht mehr als Zeichen des Scheiterns betrachtet.

Der Heimkehrer war mit vielen aufgeblähten Hoffnungen in die Stadt aufgebrochen; viele Zukunftspläne hatte er geschmiedet; Wünsche und Befürchtungen hatte er gehabt; aber die Stadt ist heute kaum mehr in der Lage, diese Wünsche zu erfüllen. Der Migrant ist enttäuscht. Enttäuscht darüber, daß die Stadt nicht das ist, was er sich vorgestellt hat. Wenn er in die Heimat zurückkehrt, bleibt er eine Zeit lang dort, weil er seine Angehörigen, sein Zuhause und seine Nachbarn wiedertrifft.

Die Rückkehrer, die endgültig in ihren Heimatort zurückkehren, sind ebenso Städter wie Dörfler. Sie können sich sehr gut den unterschiedlichsten Lebensbedingungen anpassen. Viele gliedern sich in ihre Heimatgemeinden wieder ein, modernisieren sie und werden dörfliche Autoritäten. Sie besitzen Verhandlungsgeschick, können Anträge schreiben, sind reiseerfahren und können die Gemeinde bei den Behörden vertreten. Und sie erwarten dafür keinerlei Entgelt.

Aber es gibt auch solche, die sich wie Emporkömmlinge benehmen. Sie benutzen die traditionellen Werte der Andengemeinde nur zu ihrem persönlichen Vorteil. Sie werden Kleinhändler und beuten die Bauern, die im Dorf geblieben sind, aus. Ihre Fähigkeit, in zwei Kulturen zu leben, setzen sie nur zur Verwirklichung ihrer persönlichen Ziele ein, um ihre Macht, ihr Prestige und ihr Vermögen zu vergrößern. Sie entwickeln sich zu schädlichen Elementen für das Dorf. Sie nehmen sogar ihre eigenen Familienangehörigen aus.«

Die Migration ins Ausland

»Wie kam es zur Auswanderung in die Vereinigten Staaten?«

»Die Migranten kommen nach Lima mit so vielen Hoffnungen und können nicht so einfach wieder zurück. Sie hatten ihre Gründe, fortzuziehen. Aber ihre Erwartungen sind nicht in Erfüllung gegangen.

Das Bild vom Lima der 50er, 60er Jahre wird jetzt durch das von den Vereinigten Staaten ersetzt. Also sagen die Menschen sich: ›Ich habe noch Hoffnungen; ich kann ins Ausland gehen.‹ Sie sprechen jetzt ständig davon, das Land zu verlassen. Das Thema wird von Tag zu Tag bedeutsamer. Jedes Jahr beantragen hunderttausend Personen ein Visum bei der nordamerikanischen Botschaft: Touristenvisa, Arbeitsvisa und unbegrenzte Aufenthaltsgenehmigungen.

Die Auswanderer sagen sich: ›Ich werd's ausprobieren und wenn's gut läuft, dann bleibe ich.‹ Die Möglichkeit der Rückkehr wird immer einbezogen, bei allen. Man entscheidet sich niemals endgültig, die Heimat zu verlassen, denn man weiß nie, was geschehen wird.

Bis 1980 kehrten viele nach Peru zurück. Sie verdienten in den USA eine Menge Geld, kamen zurück und bauten sich einen Betrieb auf. Oder sie kauften sich ein Taxi. Seit 1980 sind die Arbeitsmöglichkeiten in Peru so, daß das Land diese Rückwanderer nicht mehr aufnehmen kann. Seitdem gibt es zwei Tendenzen: Einige gehen fort, um es auszuprobieren und einige, um zu bleiben.

Die Auswanderer kommen in erster Linie aus Lima. Manche sind aus anderen Städten wie Arequipa oder Piura. Lima, einst Ziel der Migranten, ist heute dabei, eine Übergangsstation für diejenigen zu werden, die etappenweise auswandern.

Menschen aller sozialer Schichten ziehen in die USA. Von den Schafzüchtern des Mantaro-Tals angefangen, die mit Arbeitsverträgen ausreisen, um in den Bergen der Vereinigten Staaten als Schäfer tätig zu werden, bis zu den Mitgliedern der peruanischen Oligarchie, die schon seit 1970 in die USA auswandern.

Die meisten Peruaner in den USA stammen wahrscheinlich aus der Oberschicht. Sie wohnen in Miami und in Kalifornien. Sie suchen Arbeit, Prestige, Macht, Vergnügen, Bildung oder haben gesundheitliche Gründe.

Die peruanische Mittelschicht ist im vergangenen Jahrzehnt immer mehr verarmt. Deshalb ist ihr Hauptauswanderungsgrund die Suche nach Arbeit.

Die Unterschicht, das sind Bauern. Ihre Vorstellungen von den Vereinigten Staaten sind sehr verschwommen, sehr unvollständig, vielleicht allzu aufgebläht. Die Medien, Radio und Fernsehen, haben das Bild von einem Land der unbegrenzten Möglichkeiten vermittelt.

Die Schäfer zum Beispiel: Sobald sie in den USA ihre Arbeit aufnehmen, stellen sie fest, daß die Arbeitsbedingungen und das Klima ähnlich hart wie in ihrer Heimat sind, nur die Technologie ist ein wenig fortgeschrittener. Statt fünfzehn Schafe hüten sie nun fünfhundert.

Bei ihrer Ankunft haben sie sprachliche, kulturelle, psychische, familiäre und auch sexuelle Probleme, denn sie fahren ohne ihre Lebensgefährtin und sie halten sich während der sechs Sommermonate allein oben in den Bergen und während der sechs Wintermonate in den Tälern auf, vollkommen isoliert vom Rest der Welt. Vor zehn Jahren kehrten noch viele von ihnen nach Peru zurück. Aber heute bleiben viele in den USA, auch als Illegale. Das Einkommen, das sie in den USA erhalten, könnten sie in ihrer Heimat nie ereichen. Zudem haben sie aufgrund der Nachrichten, die sie über Peru hören, Angst vor der Rückkehr. Sie glauben, daß man sie sofort ausrauben wird, wenn sie im Flughafen von Lima ankommen. Oder sie meinen, daß die Leute sofort die terroristischen Gruppen benachrichtigen, wenn sie in ihre Dörfer zurückkehren, und diese ihnen dann ihre Dollars abnehmen werden.

Ihre Frauen und Kinder nehmen die Schäfer ja nicht mit. Wenn sie also in den USA bleiben, dann müssen sie mit ihrer Familie brechen. Sie heiraten dann Mexikanerinnen oder Töchter asiatischer Einwanderer. Falls sie eine legale Aufenthaltserlaubnis erhalten, können sie Frau und Kinder in die USA holen.

Die Peruaner der Mittelschicht wandern ebenfalls alleine aus; aber Absicht ist, daß die ganze Familie in die USA einwandert. Zuerst gehen die jungen Leute; in letzter Zeit vor allem junge Frauen, weil in den USA der Bedarf an weiblichen Arbeitskräften höher ist.«

»Wie kommt man in die Vereinigten Staaten?«

»Irgendjemand in den USA dient als Verbindungsperson. In Mexiko bezahlen die Migranten einen Halsabschneider mit Dollars dafür, daß er sie bis an die Grenze begleitet. Dort angekommen, bezahlen sie jemanden, der sie über die Grenze begleitet.

Manche beschaffen sich ein Touristenvisum für die USA und bleiben einfach über die drei Monate hinaus auf unbestimmte Zeit illegal im Land. Es ist nicht leicht, an ein Touristenvisum zu kommen. Jeder Fall wird einzeln geprüft. Laut Aussage des US-Konsuls werden nur 55 von 100 Anträgen bewilligt.

In der Mittelschicht wandert zuerst ein junger Mann oder eine junge Frau aus der Familie aus. Haben sie die Aufenthaltsgenehmigung in der Hand, dann rufen sie Mutter oder Vater nach. Wenn die Mutter ein Jahr lang in den USA lebt, dann kann sie ihre anderen Kinder nachziehen lassen.

Die Angehörigen der Oberschicht haben bessere Chancen, eine Aufenthaltserlaubnis zu bekommen.«

»Wie leben die PeruanerInnen in den USA?«

»Die Einwanderer aus der peruanischen Oberschicht sind im Handel tätig, betreiben Geschäfte. Manche fliegen jedes Wochenende nach Peru. Die US-amerikanische Gesellschaft empfängt sie aber nicht so, wie sie es sich wünschen: Sie glauben, ein Anrecht darauf zu haben, in die amerikanische Oberschicht aufgenommen zu werden. Statt dessen werden sie automatisch der Mittelschicht zugerechnet, und nicht einmal dort werden sie so recht anerkannt.

Außerhalb ihres Landes entdecken sie plötzlich, daß sie Peruaner sind. Sie haben das Beste im Leben zurückgelassen: Sie hatten Bedienstete, die ihnen bei der Arbeit halfen. Sie konnten auf sozial niedriger Gestellte herabsehen.

Wenn sie in die USA kommen, sind sie einfach nur Bürger, ›Latinos‹, ›Spanish‹. Die Erfahrung, daß ihnen mitunter sogar die Aufnahme in die amerikanische Mittelschicht versperrt ist, löst bei ihnen eine Identitätskrise aus, weil sie sich darüber klar werden, daß sie weder Peruaner noch Amerikaner sind.

Um sich selbst zu schützen, gründen sie Vereine. Ihre Freunde sind auch Oberschicht-Peruaner. Amerikanische Freunde haben sie nicht. Ihr seelisches Gleichgewicht gerät furchtbar durcheinander. Denn in Peru wollten sie nicht Peruaner sein und in den USA werden sie nicht in die weiße amerikanische Gesellschaft aufgenommen.

Unterdessen besitzt die Mittelschicht eine erstaunliche Anpassungsfähigkeit. Sie pflegt Umgang mit Mexikanern, Einwanderern aus Puerto Rico und Ecuadorianern. Der Peruaner der Mittelschicht fühlt sich als Peruaner und erlebt keine Identitätskrise.

Die peruanische Sozialstruktur ist in den USA genau dieselbe wie in Peru – durch die Heimatvereine wird sie dort wieder aufgebaut. Die Vereine der peruanischen Mittelschicht sind besser organisiert und erreichen viel – in ihnen ist die peruanische Identität viel stärker. Sie organisieren Versammlungen der peruanischen Einwanderer in den USA.

Ärzte, Ingenieure oder Wirtschaftswissenschaftler können ihre Berufe in den USA fast nie ausüben. Die meisten arbeiten in manuellen Berufen. Das ist für sie oft sehr enttäuschend. Sie arbeiten im Baugewerbe, in der Gastronomie oder als öffentliche Angestellte, sofern sie legal in den USA sind. Diejenigen, die der unteren Mittelschicht entstammen, arbeiten beispielsweise als Gasinstallateure in den Haushalten der amerikanischen Mittelschicht.

Normalerweise wohnen die Migranten im Haus von Verwandten, zumindest in den ersten Jahren. Sobald sie zu Geld kommen, kaufen sie sich eine Wohnung oder ein Haus. Das ist in den USA ausgesprochen einfach. Mit einer Anzahlung von 5% des Gesamtwertes kann man sich ein Haus kaufen und es dann zwanzig bis dreißig Jahre lang abbezahlen. Deshalb entspricht die Vorstellung vom Peruaner, der in den USA lebt und ein eigenes Haus und ein Auto besitzt, der Wirklichkeit. Er muß nur nachweisen, daß er einen gesicherten Arbeitsplatz hat, indem er eine Bescheinigung seines Arbeitgebers vorlegt. Andererseits ist das Risiko, das Haus zu verlieren, sehr hoch. Sobald er seinen Zahlungsverpflichtungen nicht mehr nachkommt, pfändet die Bank das Haus.«

»Wie ist die Situation der zweiten Generation der Einwanderer?«

»Die Einwanderer aus der Mittelschicht möchten einerseits, daß ihre Kinder so sind wie sie selber, ihre Normen befolgen, das Familienleben lieben, religiös sind, kurz: peruanische Wertvorstellungen besitzen. Andererseits möchten sie, daß sie Amerikaner sind, damit sie bessere Chancen auf dem amerikanischen Arbeitsmarkt haben. Diese sich extrem widersprechenden Wünsche spiegeln sich bei manchen Kindern in Form einer schrecklichen Identitätskrise wider.

Die Kinder bleiben bis zum Sekundarschulabschluß, bis sie achtzehn sind, bei den Eltern. Dann ziehen sie zuhause aus.

Kulturell sind sie weder Peruaner noch Amerikaner. Von beiden Gesellschaften fühlen sie sich zurückgewiesen. Sie wollen weder ›Peruaner‹ noch ›Hispanos‹ sein, denn im amerikanischen Sozialranking wird der ›peruanische Hispano‹, der ›Latino‹ oder ›Lati‹ als ein Bürger dritter Klasse betrachtet. Sie sind schon Amerikaner und sprechen Englisch. Doch sie sind unsicher in bezug auf sich selbst. Viele von ihnen flüchten sich in die lateinamerikanische Kultur und entdecken wieder das Lateinamerikanische.

Die lateinamerikanische Kultur gewinnt in der amerikanischen Gesellschaft immer mehr an Bedeutung: in der Kunst, im Sport, im Kino. Man ist stolz, ›Latino‹ zu sein, in einer Umgebung, die die ›Latinos‹ immer abschätzig beurteilt hat. Aber auch die Amerikaner werden sich der Tatsache bewußt, daß sie von den ›Latinos‹ lernen. Ich nenne das die ›Latino-amerikanisierung der amerikanischen Kultur.‹

Die Amerikaner müssen wohl oder übel ihre mexikanischen ›Tacos‹ essen und sich lateinamerikanische Festivals ansehen. Die Jugendlichen der zweiten Generation stellen also fest, daß es günstiger ist, sich mit der lateinamerikanischen Kultur zu identifizieren, weil das Lateinamerikanische Neuheitswert hat, bunter ist, mehr aufs Feste feiern aus ist.

Amerika erlebt derzeit das Wachstum seiner ethnischen Minderheiten. Das betrifft nicht nur die starke Zunahme ihrer Bevölkerungsanteile, sondern auch ihr kulturelles Wachstum.«

»Stirbt das ANDINE in den Vereinigten Staaten?«

»Die Antwort lautet JA und NEIN.

Ja, weil die amerikanische Gesellschaft von Natur aus individualistischer ist. Viele Migranten aus dem peruanischen Hochland lehnen ihre andine Kultur ab, indem sie sich dem Anpassungsdruck der amerikanischen Gesellschaft beugen; sie geben ihre andinen Werte auf. Das sind vor allem diejenigen, die keinem Heimatverein und keiner religiösen Bruderschaft angehören.

Nein, weil die Migranten, die bereits vorher in Lima waren, dort die Erfahrung gemacht haben, daß sie ihre andine Kultur in einer fremden Um-gebung weiterleben konnten. In den USA führen sie sie also fort.

Es gibt ungefähr 300 Vereine, ausschließlich peruanische Vereine. Von diesen 300 sind 50 sehr aktiv und von diesen 50 sind 15 religiöse Bruderschaften, die die Feste aus der Heimat in den USA organisieren. Diese Feste enthalten sowohl Elemente des Katholizismus als auch andine Traditionen. Viele Einwanderer, die aus den Anden stammen, entdecken durch ihre Mitgliedschaft in den Heimatvereinen in der Fremde das Andine neu.

Oft wird bei den Feierlichkeiten eine ›Chonguinada‹ oder ein ›Huaylash‹ getanzt. Und viele, die sich in Lima geschämt haben, Quechua zu sprechen, pflegen es mit Stolz und Liebe in den USA. Deshalb würde ich sagen, daß das Andine in den Vereinigten Staaten fortlebt, zumindest in der ersten Generation. Es erfährt eine Neubewertung.«

»Wie entstand die Auswanderung nach Japan und Europa?«

»Traditionell waren die USA das wichtigste Auswanderungsland.

Europa galt als das Land der Dichter, Philosophen und Künstler. Viele peruanische Intellektuelle waren dort gewesen. Aber die USA sind nicht mehr der Markt, der sie in den fünfziger, sechziger Jahren waren. Mit dem wirtschaftlichen Aufschwung anderer Länder öffneten sich neue Grenzen. Japan ist eines dieser Länder. Ich glaube, daß die Migration nach Japan nur temporär sein wird.

Einige Peruaner haben sich falsche Geburtsurkunden beschafft, die ihre japanische Abstammung beweisen, damit sie als Saisonarbeiter nach Japan durften. Andere haben sich sogar Schlitzaugen anoperieren lassen. Sie wollten ihre japanische Abstammung unter Beweis stellen, wie Japaner aussehen. Das ist das wahre Gesicht der peruanischen Wirtschaftskrise![5]

Viele Peruaner der Mittelschicht leben auch in Deutschland. Besonders die Akademiker sind nach Deutschland gegangen. Wahrscheinlich haben jetzt Deutsche ein Dienstmädchen, die vorher nie eines hatten.[6] Die, die nach Europa fliegen, hoffen, Arbeit zu finden und Geld zu verdienen und möchten dann zurückkehren. Sie fahren nicht nach Europa, um dort zu studieren oder dort zu bleiben. Sie fahren ohne ihre Familien. Aber diese anfängliche Erwartungshaltung kann sich ändern.

Der neue Trend ist, nach Spanien zu ziehen. Spanien hat soeben 250.000 illegalen Einwanderern die Amnestie gegeben.[7]

Spanien ist das Land, das wir vor 500 Jahren mit offenen Armen empfangen haben, das aber seine lateinamerikanischen Einwanderer, illegale Einwanderer, mit ausgesprochenem Rassismus behandelt.

Die Spanier nennen die Lateinamerikaner verächtlich ›Sudacas‹; das kommt von ›sudar‹, ›schwitzen‹ und von ›caca‹, was ›Scheiße‹ bedeutet.«

Zusammenstellung und Bearbeitung:
Annette Holzapfel und Rose Haferkamp

Anmerkungen

1   Durch die Verstaatlichung der Küstenplantagen und deren Überführung in Genossenschaften sanken die Produktion und die Exporte; andererseits mag die Verbesserung der Arbeitsbedingungen dazu beigetragen haben, daß die ArbeiterInnen länger einsatzfähig sind.

2   Der Rückgang der Fördermengen und der Produktion im Bergbau und der damit zusammenhängenden weiterverarbeitenden Industrie, die mangelnde technologische Modernisierung seit der Militärregierung von General Juan Velasco Alvarado sowie sinkende Weltmarktpreise für Rohstoffe dürften den Hauptausschlag für Entlassungen und den Rückgang des Bedarfs an Arbeitskräften gegeben haben. Neuerdings gehen Arbeitsplätze durch den ausländischen Aufkauf und Rationalisierungsmaßnahmen im Bergwerkssektor verloren.

3   Das Convención-Tal liegt an den Andenabhängen in Südperu. Dort werden vor allem Kakao, Kaffee und Koka angebaut. Weiter östlich schließt sich das Tiefland um Puerto Maldonado an, wo Goldsucher ihr Glück suchen.

4   »Aymara« ist die Bezeichnung für eine Sprache und ein Volk, das in der Umgebung von und in Puno am Titicaca-See lebt. Auf dem Landweg ist man bis Puno zwei bis drei Tage unterwegs.
Huancayo, die größte Stadt im Mantaro-Tal, befindet sich im Hinterland von Lima und ist von dort aus in sechs Stunden zu erreichen.

5   Japan erlaubte den Peruanern ausschließlich, als Arbeitskräfte einzureisen. Sie hatten für sich selbst oder ihre Ehefrauen die japanische Abstammung nachzuweisen. Für Peruanerinnen lohnte sich die Arbeitsmigration nach Japan nicht, da ihre Löhne nur etwa ein Drittel der ihrer männlichen Landsleute betragen hätten.

6   Für die Vermittlung von Arbeit als Dienstmädchen in Europa zahlen Peruanerinnen den Vermittlungsbüros in Lima Gebühren. Die Arbeitsbedingungen sind zumindest in Deutschland sehr hart. Und da sich ein Arbeitsvisum nicht in eine andere Art von Aufenthaltsgenehmigung umwandeln läßt, haben diese Frauen keine Möglichkeit, sich mit dem Verdienten eine Ausbildung zu finanzieren.

7   In der Zwischenzeit änderten sich die Einreisemodalitäten nach Spanien, so daß es fast nur noch für Leute mit finanziellen Sicherheiten möglich ist, legal ins Land zu gelangen.

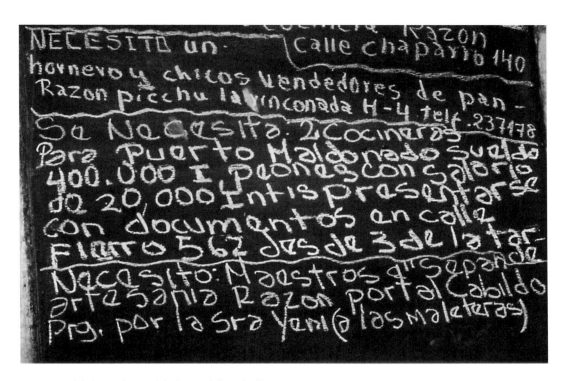

Anzeigentafel einer privaten Arbeitsvermittlung in Cusco
»Brauche Bäckereigehilfen und Jugendliche, die Braut verkaufen…«
»Gesucht: Zwei Köchinnen für Puerto Maldonado … mit Papieren…«
»Suche erfahrene Kunsthandwerker…«

ALLGEMEINE DATEN

Größe:
1.285.214 km^2 (Küstenwüste: 11%, Andenhochland: 24%, Amazonasbecken: 66%)

Einwohnerzahl:
22,1 Mio (Städte: 80%, Land: 20%)
35% der Bevölkerung jünger als 15 Jahre

Bevölkerungsdichte:
17,2 Einw./km^2

Bevölkerungswachstum:
2,1 Prozent (1990-92)

Geburtenrate:
4,1% (Stadt: 3,1%, Land: 6,4%) von 1987-88

Städte:
Lima-Callao (Hauptstadt u. Dept.) 7,1 Mio
Einw. 1993;

weitere wichtige Städte:
Arequipa, Trujillo, Chimbote, Chiclayo, Cusco,
Huancayo, Piura, Iquitos, Juliaca, Puno

Zusammensetzung der Bevölkerung:
Nachkommen indianischer Völker, europäischer Eroberer und Einwanderer, chinesischer
u. japanischer Einwanderer und afrikanischer
Sklaven

Sprachen:
Spanisch (Amtssprache), Quechua (22%),
Aymara, Asháninka, Shipibo-Conibo,
Aguaruna, Cokama u.a.

Religionen:
Katholizismus (92%; staatl. gefördert u.
geschützt) mit indian. Glaubenselementen,
indianische Religionen, verschiedene andere
christliche Glaubensgemeinschaften, Juden,
Bahai u.a.

STAATSFORM:

Präsidialrepublik, Wahlpflicht, Verfassung seit
Nov.1993 mit Festschreibung neoliberaler,
marktwirtschaftlicher Prinzipien
Staatsoberhaupt: Alberto Fujimori

GESUNDHEIT:

Täglicher Kalorienverbrauch
pro Person unter 2000 Kalorien (1990)

Unterernährung:
insgesamt:	38% der Kinder
in Städten:	44% der Kinder
auf dem Land:	56% der Kinder

Säuglingssterblichkeit:
55 von 1000 Geburten
(Land: 78; Stadt: 40) (1991/92)

Müttersterblichkeit:
31 von 10.000 Geburten

Lebenserwartung:
63 Jahre

ERZIEHUNGSWESEN:

Schulpflicht, aber 55% der Kinder erhalten
keine geregelte Ausbildung
Unterrichtssprache spanisch, indianische
Sprachen möglich, aber kaum realisiert

Analphabetenrate:
11%

31.724 Schulen;
30 staatliche, 26 private Hochschulen

ÜBERBLICK

WIRTSCHAFT:

Bruttoinlandsprodukt:
24,8 Mrd. US-$ (1993),

Bruttoinlandsprodukt je Einwohner:
1.102 US-$ (1993)

Anteile am Bruttoinlandsprodukt(1991):
Industrie: 22%,
Landwirtschaft: 14%,
Bergbau/Erdöl: 11%,
Baugewerbe: 6%

Wirtschaftswachstum:
−2,7% (1992), 6,5% (1993), 6% (1994 geschätzt)

Hauptlieferländer:
USA, Japan, Kolumbien, Argentinien,
Deutschland, Brasilien, Südkorea

Hauptabnehmer:
USA, Italien, Deutschland, Japan, VR China,
Brasilien, Südkorea, Andenländer

Einfuhrgüter:
Zwischenprodukte, Kapitalgüter,
Konsumgüter

Ausfuhrgüter:
Bergbau (Eisen, Erdgas, Kupfer, Zink, Blei, Silber, Gold, Rohöl) Fisch/Fischprodukte, Textilien, landwirtschaftl. Produkte (Zuckerrohr, Baumwolle)

Handelsbilanz:
−535 Mio US-$ (1993)

Schulden:
21,7 Mrd. US-$ (1993)

Inflationsrate:
1990:   7.657%
1991:   139%
1992:   59%
1993:   41%

Mindestmonatslohn:
33 US-$ (1993)

Warenkorb einer vierköpfigen Familie:
451 US-$ (1993)

Zahlungsmittel:
Nuevo Sol (S/.)
1 US-$ = ca. 2,18 S/. (Februar 1995)

Zusammenstellung der Daten aus:

AMIDEP/Universidad del Pacífico: Perú: las provincias en cifras, 1876-1981, Lima, 1984
BfAI: Wirtschaftsdaten aktuell, Köln, April 1994
Cuánto?, Sept., Okt., Dez. 1993
Cuánto?, Anuario Estadístico: Perú en números 1991/92/93, Lima 1991/1992/1993
Cuánto/Unicef: Niveles de Vida – Perú. Subidas y Caídas 1991, Lima 1993
Diez Canseco, J.: Peru 1991, Lima, 1991
INEI (=Nationales Statistikinstitut), Lima 1992
Fischer Weltalmanach 1993
WHO: Health Conditions in the Americas, Peru, Vol. II, 1990
WHO, Lima 1994
Von Oertzen, E.: Peru, München, 1988
sowie eigene Berechnungen

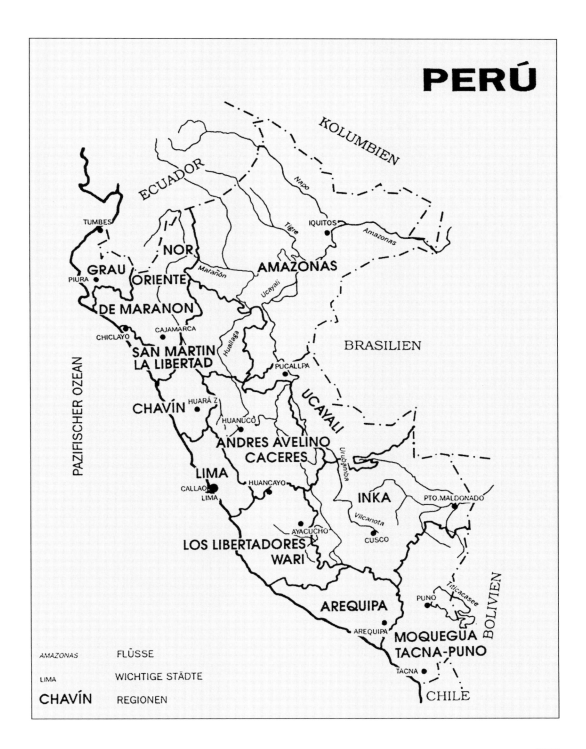

PERÚ

KOLUMBIEN

ECUADOR

Napo

TUMBES

Tigre · IQUITOS · Amazonas

NOR

GRAU · AMAZONAS

PIURA · Marañón

ORIENTE

Ucayali

DE MARAÑON

CAJAMARCA

CHICLAYO · Huallaga · BRASILIEN

SAN MARTIN
LA LIBERTAD

PUCALLPA

PAZIFISCHER OZEAN

CHAVÍN · HUARÁ Z

HUÁNUCO

UCAYALI

ANDRES AVELINO
CACERES

Urubamba

LIMA

CALLAO · HUANCAYO

LIMA

INKA · PTO.MALDONADO

Vilcanota

AYACUCHO · CUSCO

LOS LIBERTADORES
WARI

BOLIVIEN

Titicacasee

AREQUIPA · PUNO

AREQUIPA

MOQUEGUA
TACNA-PUNO

TACNA

CHILE

AMAZONAS FLÜSSE

LIMA WICHTIGE STÄDTE

CHAVÍN REGIONEN

PERU – eine Landeskunde

Annette Holzapfel

Peru, das drittgrößte Land Südamerikas (Peru ist fast viermal so groß wie Deutschland), liegt am Pazifik und erstreckt sich vom 19. Grad südlicher Breite bis zum Äquator. Tag und Nacht sind fast gleichlang. Im Norden grenzt Peru an Ecuador und Kolumbien, im Osten an Brasilien und im Süden an Chile. Im Südosten teilt sich Peru den 3.800 Meter hoch gelegenen Titicaca-See mit Bolivien.

Geographie

KÜSTE: Der Humbold-Strom, eine kalte Meeresströmung, läßt die Temperaturen an der Küste auch im Sommer selten 26 Grad übersteigen. Regen fällt außerhalb der nördlichen Küstenregion fast nie. In den fruchtbaren Oasen werden Obst, Zuckerrohr, Baumwolle, Mais, Reis und Maniok angebaut. Die Bedeutung des Fischfangs (vor allem Anchovis) und der Fischmehlverarbeitung ging durch Überfischung und den Ausbruch der Cholera im Januar 1991 zurück. Große Industriebetriebe, Erdölraffinerien, Handelsunternehmen und Banken befinden sich vornehmlich in und um die Hauptstadt Lima und der mit ihr verschmolzenen Hafenstadt Callao sowie in der nördlichen Küstenregion.

ANDEN-HOCHLAND: Im Osten steigt das Andenhochland bis auf 6.700 Meter an. Es wird bis auf 4.000 Meter bewohnt. Klimatisch gliedert sich das Jahr in eine wärmere Regenzeit von November bis April und eine kühlere Trockenzeit von Mai bis Oktober. Die Bevölkerung lebt vor allem von der Landwirtschaft und von der Viehzucht. Die Viehzucht (Rinder, Schafe, Ziegen, Schweine, Geflügel, Meerschweinchen, Lamas, Alpakas) liefert Wolle, Fleisch und Milchprodukte. Wichtige Anbauprodukte sind Kartoffeln (mit über 100 verschiedenen Sorten) und andere Knollen, Mais, Bohnen, Getreide, Quinoa (Reismelde), Kiwicha (Amaranth) und Alfalfa. Die oft terrassenförmig angelegten Felder (Andenes, Quechua: Patapata) werden nach dem Rotationsprinzip bestellt. In einigen Gegenden existieren alte, oft komplexe Bewässerungssysteme; in vielen Regionen zwingen allerdings mehrjährige Trockenperioden die Kleinbauern immer wieder zur Suche nach Saisonarbeit in anderen Landesteilen. Das Ackerland ist durch die Erbtraditionen stark parzelliert. So veranlassen Land- und Wassermangel, geringe Erträge und Niedrigstpreise für landwirtschaftliche Produkte die Menschen, an die Küste oder ins Tiefland abzuwandern.

In den Bergwerken, in über 4.000 Meter Höhe, werden Kupfer, Silber, Eisen, Zink, Blei und andere Metalle und Erze abgebaut. Die Goldvorkommen sind bedeutend.

ANDEN-ABHÄNGE: Im Osten fällt das Gebirge zum Tiefland hin stetig ab. In 1.000 bis 2.000 Meter Höhe gedeihen Obst, Kaffee, Kakao, Tee, Mais, Erdnüsse, Zimtbäume und Koka. In den fruchtbaren Tälern wird auch Viehzucht betrieben. Hier leben viele verarmte Bauern, die wegen der niedrigen Preise und des staatlichen und privatwirtschaftlichen Desinteresses an den einheimischen landwirtschaftlichen Erzeugnissen aus dem Hochland abwanderten. Allein eine Million Bauern lebt nur vom Anbau und Verkauf der Koka. Koka wird heute auf einer Fläche von etwa 300.000 Hektar (ungefähr die Größe von Luxemburg) angebaut; 80% des Ertrags wird zu Kokain verarbeitet, 60% davon gelangt in die USA. Die Erträge aus dem illegalen Kokainexport erreichen die Höhe der Hälfte der

Peru

Venezuela
Guyana
Suriname
Frz.-Guyana
Kolumbien
Ecuador
Peru
Brasilien
Bolivien
Paraguay
Chile
Argentinien
Uruguay

in
Lateinamerika

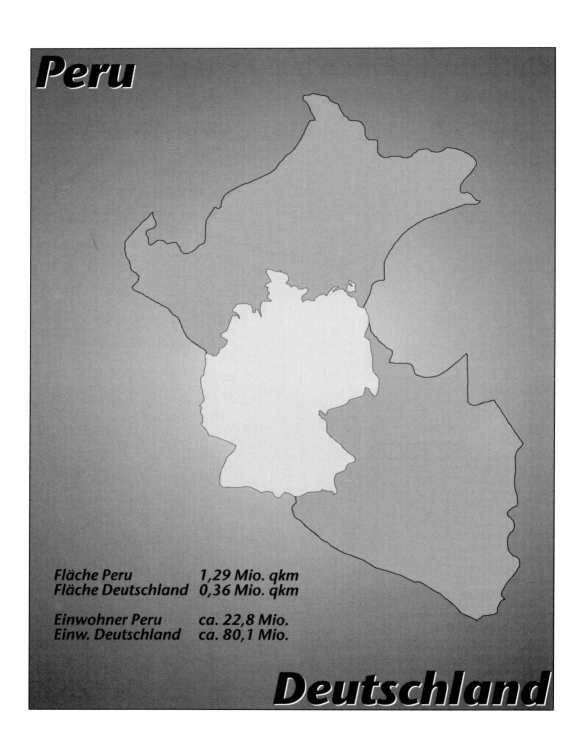

Peru

Deutschland

Fläche Peru   1,29 Mio. qkm
Fläche Deutschland   0,36 Mio. qkm

Einwohner Peru   ca. 22,8 Mio.
Einw. Deutschland   ca. 80,1 Mio.

160

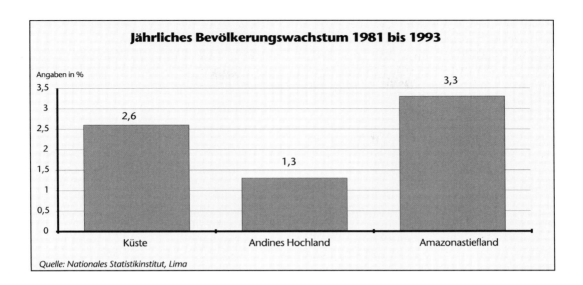

Jährliches Bevölkerungswachstum 1981 bis 1993

Angaben in %

- Küste: 2,6
- Andines Hochland: 1,3
- Amazonastiefland: 3,3

Quelle: Nationales Statistikinstitut, Lima

legalen Einnahmen der gesamten Exportwirtschaft. Zahlreiche Entwicklungsprojekte versuchen, die Bauern zum Anbau alternativer Produkte zu motivieren.

TIEFLAND: Tropischer Regenwald, unterbrochen von Feuchtsavannen, bedeckt über die Hälfte des peruanischen Staatsgebietes. Die Temperaturen steigen hier über 40 Grad. Mehr als 200 Tage im Jahr fällt Regen. Zahlreiche Flüsse, die aus dem Hochland kommen, durchziehen das dünn besiedelte Becken und vereinen sich bei Iquitos zum Amazonas.

Man schätzt, daß jährlich etwa 300.000 Hektar Regenwald im Zuge der Edelholzausbeute, der Erdgas- und Erdölförderung und durch extensive Viehzucht zerstört werden. Auch andine Migranten, die sich entlang der Einfallstraßen und großen Flüsse niederlassen, tragen durch nicht standortgerechte Landwirtschaft zur Urwaldzerstörung bei. So wird der indianischen Tieflandbevölkerung, die in etwa 1.000 »Communidades Nativas« lebt, immer mehr die Lebensgrundlage entzogen.

Die wichtigsten landwirtschaftlichen Marktprodukte sind tropische Früchte, Maniok, Reis, Mais, Bananen und Bohnen. Daneben werden auch Kautschuk und Paranüsse gesammelt und in begrenztem Umfang kommerziell genutzt.

Politik

Die Präsidentschaftswahlen im Jahr 1990 gewann der Agraringenieur Alberto Fujimori gegen den Schriftsteller Mario Vargas Llosa. Zu verdanken hatte Fujimori seinen Sieg in erster Linie den unteren Schichten und der verarmten Mittelschicht, Menschen andiner Herkunft, die nicht länger von den Nachkommen der europäischen weißen Einwanderer regiert werden wollten. Der Wahlsieg löste heftige Diskussionen über die peruanische Nationalität und Identität aus, da Fujimori Sohn japanischer Einwanderer ist. Seine Wähler hofften, daß das erfolgreiche japanische Wirtschaftsmodell auf Peru übertragen werde.

Unmittelbar nach Fujimoris Amtsantritt wurden viele Erwartungen enttäuscht: Um die Kreditwürdigkeit des Landes wiederzuerlangen, vertrat die neue Regierung konsequent die Interessen der internationalen Finanzorganisationen. Die Sparpolitik steigerte in kürzester Zeit den Anteil der PeruanerInnen, die in absoluter Armut leben, von acht auf über 13 Millionen. Das entspricht 54 Prozent der Gesamtbevölkerung. Mehr als die Hälfte davon ist jünger als 20 Jahre. Aufgrund von Entlassungen im formellen Sektor und in der Verwaltung drängten mehr Menschen als je zuvor in die Informalität, die Schattenwirtschaft.

Im April 1992 löste Fujimori das von der Opposition beherrschte Parlament auf und setzte die Verfassung außer Kraft. Sein Ziel war, Widerstände gegen die Durchführung seines »Strukturanpassungsprogrammes«, das er unter Aufsicht des Internationalen Währungsfonds (IWF) durchführt, zu beseitigen. Die Justiz verlor ihre Unabhängigkeit, weisungsgebundene Positionen wurden neu besetzt. Das Militär erhielt mehr Macht, um die beiden Rebellenorganisationen »Leuchtender Pfad« und »Revolutionäre Bewegung Tupac Amaru« (MRTA) zu zerschlagen.

Im September 1992 gelang die Festnahme von Abimael Guzman, dem Chef des »Leuchtenden Pfades«. Die Organisation ist geschwächt und verlor ihr einheitliches Auftreten.

Die MRTA ist seit der Verhaftung ihres Anführers gespalten; ihr Einfluß ist gering.

Wenige wehrten sich gegen Fujimoris »Selbstputsch« im Jahr 1992. Die Absetzung der Parlamentarier fand in der Bevölkerung sogar spektakuläre Zustimmung. Die traditionellen Parteien der 80er Jahre zerfielen. Bei den Kommunalwahlen im Januar 1993 vereinten sie gerade einmal ein Viertel aller Stimmen auf sich. Die großen Gewerkschaften stecken in einer tiefen existentiellen Krise.

Im November 1993 brachte Fujimori mit einer Mehrheit von rund 300.000 Stimmen eine neue Verfassung durch. Sie räumt dem Präsidenten mehr Rechte und die Möglichkeit der Wiederwahl ein. Sie führt die Todesstrafe wieder ein und bekennt sich umfassender als zuvor zur Marktwirtschaft.

Ende 1993 sank Fujimoris Popularität im In- und Ausland, nachdem die Presse hochrangige Militärs als Urheber eines Mordes an einem Professor und neun Studenten entlarvte. Aufsehen erregte, daß er Konzessionen an das Militär machte und die Attentäter nicht vor ein Zivilgericht stellte.

Seine wirtschaftlichen Erfolge schätzen die reichen Industriestaaten jedoch positiv ein.

Wirtschaft und Arbeit

Nachdem Peru in der Amtsperiode von Alan García von 1985 – 1990 seine bisher tiefgreifendste gesellschaftliche und wirtschaftliche Krise erlebte und seine internationale Kreditwürdigkeit verlor, versucht Alberto Fujimori seit 1990 das Land durch einen radikal neoliberalen Wirtschaftskurs zu sanieren.

Peru bemüht sich, durch neue Gesetze und Bestimmungen, die die Kapitalanlage erleichtern, international Investoren zu gewinnen. Bilaterale Investitionsschutzverträge, Senkung der Zolltarife, Liberalisierung des Erdölgesetzes und Steuererleichterungen im Bergbau – reinvestierte Gewinne müssen nicht mehr versteuert werden – sorgen für Attraktivität. 1994 wurden 940 Millionen US-Dollar an staatlichen Einnahmen aus dem Verkauf öffentlicher Betriebe erwartet. Viele ausländische Käufer zahlen nicht bar, sondern durch die Übernahme von Schuldtiteln.

Die Aeroperu wurde von einer mexikanischen Fluggesellschaft übernommen. Der Verkauf weiterer wichtiger Bergbaufirmen wie Minero Peru steht an. Kürzlich ging die peruanische Telefongesellschaft für gut zwei Milliarden US-Dollar mehrheitlich an die spanische Telekom. Die neugegründete Peru-Petro vergibt Förderlizenzen an ausländische Ölgesellschaften. Die US-Firma Maple soll die Naturgasvorkommen in Aguaytía, Dept. Ucayali, und Shell das Erdgas aus Camisea, Dept. Cusco, fördern. Mit der VR China wurden Verträge über die Gewinnung von Energierohstoffen unterzeichnet. 1993 übernahm die Firma Shougang aus der Volksrepublik China das Bergbauunternehmen Hierro Peru. Aus Japan erhält Fujimori großzügige Kredite, u.a. für infrastrukturelle Maßnahmen wie den Straßenbau.

Das mit dem Internationalen Währungsfond im März 1993 vereinbarte Dreijahresprogramm

Die wichtigsten Handelspartner Perus

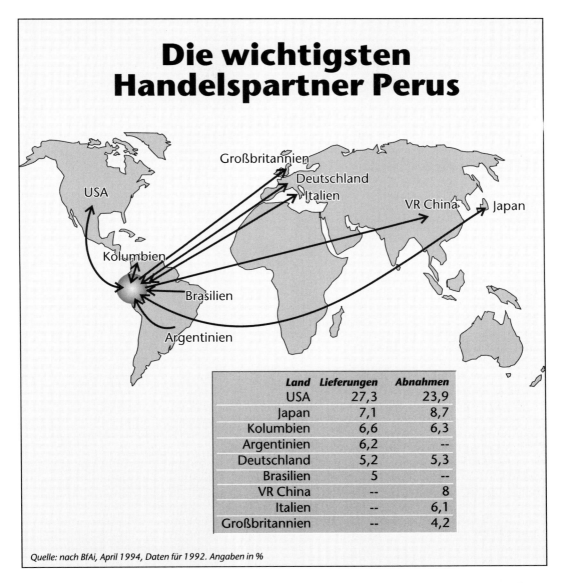

Land	Lieferungen	Abnahmen
USA	27,3	23,9
Japan	7,1	8,7
Kolumbien	6,6	6,3
Argentinien	6,2	--
Deutschland	5,2	5,3
Brasilien	5	--
VR China	--	8
Italien	--	6,1
Großbritannien	--	4,2

Quelle: nach BfAi, April 1994, Daten für 1992. Angaben in %

beinhaltet eine strenge Geld- und Finanzpolitik. Die Steuerbehörden wurden modernisiert und die Steuereintreibung konsequenter verfolgt. Preis-, Zins- und Lohnbindungen gab man frei. Die Limeñer Börse entwickelte sich zu einem international gefragten Finanzmarkt.

1993 verzeichnete Peru erstmals wieder ein Wirtschaftswachstum. Das Bruttoinlandsprodukt stieg um 6,5 Prozent. Für 1994 werden Steigerungen von 4,5 Prozent erwartet. Grund sind die erhöhten Fördermengen im Bergbau, besonders für Eisen, Blei, Gold und Rohöl, und eine gute Auftragslage in der Bauwirtschaft und im Straßenbau. Im Mai 1994 war die Inflationsrate die niedrigste seit 18 Jahren. Sie lag bei 0,7 Prozent.

Ob die Mehrheit der Bevölkerung an diesen Entwicklungen teilhat, mag fraglich erscheinen: Nur gut ein Prozent ist im Bergbau tätig, vier Prozent im Baugewerbe und 14 Prozent in der Industrie. 29 Prozent arbeiten im Handel, 22 Prozent im Dienstleistungsgewerbe und 21 Prozent in der Landwirtschaft.

Seit dem Amtsbeginn von Fujimori wurden zahlreiche, von den Gewerkschaften erkämpfte Rechte wie die Arbeitsplatzsicherheit abgeschafft, Hunderte von Angestellten aus der Verwaltung entlassen, mit finanziellen Anreizen zur Kündigung ermuntert und die Löhne eingefroren.

Um den Lebensunterhalt zu sichern, suchte ein großer Teil von ihnen einen Erwerb in der Schattenwirtschaft, mehr Familienangehörige mußten mitarbeiten. Gleichzeitig stiegen ihre Arbeitsstunden.

60 Prozent der Bevölkerung erwirtschaften lediglich knapp 25 Prozent des nationalen Einkommens. Dagegen verfügen die zwei Prozent Reichen über 19 Prozent der Einkünfte des Landes. Die extreme Armut ist in den ländlichen Hochlandregionen am weitesten verbreitet. Fast 50 Prozent der Ärmsten sind dort zu Hause, während diese Gruppe insgesamt 22 Prozent der Gesamtbevölkerung ausmacht.

Die traditionelle Landwirtschaft wird weiterhin nicht unterstützt. Von einer Anti-Migrationspolitik für die Landbevölkerung oder gar einer Remigrationsförderung ist keine Rede.

Gesundheit

Im ländlichen Hochland sterben im Schnitt von 1.000 Säuglingen 78; in Lima sind es nur 36, im Landesdurchschnitt 55. 69 Prozent der Analphabeten leben auf dem Land, 76 Prozent davon sind Frauen.

Auf der Suche nach einem besseren Leben zogen mittlerweile 80 Prozent der PeruanerInnen in Städte, obwohl auch dort die Lebensverhältnisse oft nicht menschenwürdig sind.

Über die Hälfte aller PeruanerInnen sind heute an der Küste zu finden; mehr als ein Drittel von ihnen in Lima-Callao.

In Lima lebten 1981 37 Prozent der EinwohnerInnen in inner- oder randstädtischen Siedlungen illegalen Ursprungs. Viele von ihnen entstanden durch die Besetzung von Wüstenland. In der Regel entbehren sie jede öffentliche Grundversorgung mit sauberem Trinkwasser, Abwassersystemen, Strom und Müllbeseitigung.

Ständig steigende Arbeitslosigkeit und sinkende Kaufkraft ziehen mittlerweile nicht nur Hunger und Mangelernährung nach sich, sondern verstärkten auch Kinderarbeit, Prostitution, Kinderprostitution, Verwahrlosung und Kriminalität. 30 Prozent der Kinder zwischen sechs und 14 Jahren arbeiten regelmäßig. Mindestens ein Drittel der Kinder trägt infolge der Unterernährung und Krankheiten wie Magen-Darm- und Atemwegserkrankungen bleibende geistige und körperliche Schäden davon. Viele sterben auch daran. Die Fälle von Tuberkulose und Infektionskrankheiten steigen. Die unzureichende und unregelmäßige Versorgung mit Wasser, das zusätzlich oft verseucht ist, beschleunigte in den Jahren 1991 und 1992 die Ausbreitung der Cholera ebenso wie die Verharmlosung der Gefahr durch Exportinteressen. Von 1991 bis Juni 1994 erkrankten 608.972 Menschen, 4.236 davon starben daran.

Durch Aufklärung und medizinische Versorgung in Zusammenarbeit mit städtischen und bäuerlichen Selbstorganisationen gelang es, die Cholera einzudämmen.

Während 1991 ein Angehöriger der reichsten Bevölkerungsgruppe im Monat 142 DM für Nahrungsmittel ausgab, hatte ein Angehöriger der ärmsten Bevölkerung dafür nur 17 DM im Monat zur Verfügung. Ihre Gesundheit ließen sich die Reichsten pro Person im Jahr 151 DM kosten; die Ärmsten gaben im selben Zeitraum für ihre Gesundheit 1,20 DM aus.

Viele Kinder können wegen der verschlechterten Lebensbedingungen die Schule nicht mehr besuchen. 1991 sank die Zahl der SchulanfängerInnen um 30 Prozent.

Literatur

AMIDEP/Universidad del Pacífico: Perú: Las provincias en cifras, 1876-1981. Lima 1984

BfAI: Wirtschaftsdaten aktuell. Köln, April 1994

BfAI: Die Wirtschaftslage von Peru im Jahreswechsel 1993/94. Köln, Februar 1994

BfAI: Spezialhandel nach Ländern. Köln 1992

Cúanto?, Sept., Okt., Dez. 1993

Cúanto?: Anuario Estadístico: Perú en números 1991. Lima 1991

dies.: Anuario Estadístico: Perú en números 1992. Lima 1992

dies.: Anuario Estadístico: Perú en números 1993. Lima 1993

Cúanto?/UNICEF: Niveles de Vida – Perú. Subidas y Caídas 1991. Lima 1993

Diez Canseco, J.: Perú 1991. Lima 1991

Dirmoser, Dietmar: Peru 1993. Wir bauen uns einen autoritären Staat. In: Lateinamerika, Bd. 17, »Markt in den Köpfen«. 1993: 250 – 263

Haubrich, Walter: Der Präsident und sein Militär. In: FAZ vom 26.02.1994

Hidalgo, Rafael: El regreso de la Shell. In: »Sí« vom 28.03.1994

INEI (=Nationales Statistikinstitut), Lima 1992

Von Oertzen, E.: Peru. München 1988

Weigand, Julio: Aufschwung mit eisernem Besen. In: »Die Welt« vom 16.03.1994

WHO, Lima 1994

und eigene Berechnungen

Literatur zum Weiterlesen und für die pädagogische und politische Praxis

Eine Auswahl deutschsprachiger Veröffentlichungen

Alber, Erdmute
Und wer zieht nach Huayopampa? Mobilität und Strukturwandel in einem peruanischen Dorf. Serie spektrum 27, Breitenbach Verlag. Saarbrücken/Fort Lauderdale 1990

Alberdi, Alfredo
Sarhua. Eine andine Comunidad der Indio-Künstler. Edition Tumi. Berlin 1992

Alegría, Ciro
Die goldene Schlange. Manesse Verlag. Zürich 1971

ders.
Die Welt ist groß und fremd. Verlag Huber. Frauenfeld und Stuttgart 1980 (Orig. 1941)

ders.
Die hungrigen Hunde. suhrkamp. Frankfurt 1978 (Orig. 1957)

Andenmärchen.
Indianischen Mythen und Legenden. Ill. v. Graham King nach Motiven präkolumbianischer Kultstätten. idime. Verlag Inge Melzer. Friedrichshafen 1988

Arbeitsgruppe 501 (Hg.)
Heute hier – morgen fort. Migration, Rassismus und die (Un)Ordnung des Weltmarktes. Verlag iz3w. Freiburg 1993

Arguedas, Jose Maria
Die tiefen Flüsse. suhrkamp. Frankfurt 1980 (Orig. 1958)

ders.
Trink mein Blut, trink meine Tränen. Kiepenheuer & Witsch. Köln 1983 (Orig. 1964)

ders.
Fiesta des Blutes. Verlag Neues Leben. Berlin 1980

Atteslander, Peter (Hg.)
Kulturelle Eigenentwicklung. Perspektiven einer neuen Entwicklungspolitik. Campus. Frankfurt /M 1993

Bade, K.J. (Hg.)
Deutsche im Ausland – Fremde in Deutschland. Migration in Geschichte und Gegenwart. München 1992

ders.
Homo Migrans. Wanderungen aus und nach Deutschland. Erfahrungen und Fragen. Klartext-Verlag, Essen 1994

Barojo, Julio Caro
Der Inquisitor, der Eroberer, der Herr. Drei Berufsbilder aus der spanischen Geschichte. Wagenbach, 1990

Beyhaut, Gustavo (Hg.)
Süd- und Mittelamerika II. Von der Unabhängigkeit bis zur Krise der Gegenwart. Fischer Weltgeschichte Band 23, 1989

Blum, Volkmar u.a. (Hg.)
Globale Vergesellschaftung und lokale Kulturen. Vervuert. Frankfurt/M 1992

ders.
Peruanisches Hochland: Von Indianern zu Kleinbauern. In: GfbV (Hg.): Unsere Zukunft ist eure Zukunft. Indianer heute. Luchterhand. Hamburg/Zürich 1992: 233 - 234

Bollinger, Armin
Drei Körner von gelbem Mais. Geschichten aus Südamerika. Verlag im Waldgut. Wald 1982

Dirmoser, Dietmar u.a.(Hg.)
Lateinamerika. Analyse und Berichte 14. Vom Elend der Metropole. Junius Verlag 1990

ders. (Hg.)
Lateinamerika. Analysen und Berichte 17. Markt in den Köpfen. Horlemann-Verlag, Bad Honnef 1993

(Weitere Lateinamerika-Handbücher: 1 - 18, seit 1993 im Horlemann-Verlag, Bad Honnef)

Disselhof, H.
Leben im alten Peru. München 1981

Engl, Theodor und Liselotte (Hg.)
Die Eroberung Perus in Augenzeugenberichten. dtv. München 1975

Fayad, Luis und Scharf, Kurt (Hg.)
Eine Blume auf dem Platz des schönen Todes. Erzählungen aus dem peruanischen Alltag. Ed. Diá. Berlin 1994

Galeano, Eduardo
Die offenen Adern Lateinamerikas. Wuppertal 1983

Garcilaso de la Vega
Wahrhaftige Kommentare zum Reich der Inka. Hg. von Ursula Thieme-Sachse. Rütten & Loening. Berlin 1986

Gesellschaft für bedrohte Völker (Hg.)
Die frohe Botschaft unserer Zivilisation. Evangelikale Indianermission in Lateinamerika. Reihe Pogrom 62/63. Göttingen/Wien 1979

Gleich, Albrecht von u.a. (Hg.)
Lateinamerika Jahrbuch 1993. Band 2. Vervuert. Frankfurt/M 1993 (Lateinamerika Jahrbuch des Instituts für Iberoamerika-Kunde, Hamburg)

Golte, Jürgen
Bauern in Peru. Indiana, Beiheft 1. Ibero-amerikanisches Institut. Berlin 1973

Große-Oetringhaus, Hans-Martin
Cecilia und der Zauberstein. Kinder in Peru helfen sich selbst. Elefanten Press. Berlin 1990

Grün, Robert und Eva (Hrsg.)
Die Eroberung von Peru. Pizarro und andere Conquistadoren 1526 bis 1712. 1982

Hertoghe, Alain und Labrousse, Alain
Die Koksguerilla. Der Leuchtende Pfad in Peru. Rotbuch. Berlin 1990

Höfer, Bruni; Heinz Dieterich und Klaus Meyer
Das fünfhundertjährige Reich. Emanzipation und Lateinamerikanische Identität: 1492–1992. Medico International. Frankfurt/M 1990

Horlemann, Beate
Deutschland, die Fremde. eXplizit-Materialien für Unterricht und Bildungsarbeit. Horlemann-Verlag. Unkel 1992

Hornung, B. R.
Die soziale Entwicklung in Peru, Frankfurt 1979

Janik, Dieter und Wolf Lustig (Hg.)
Die spanische Erhoberung Amerikas. Akteure, Autoren, Texte. Eine kommentierte Anthologie von Originalzeugnissen. Vervuert 1989

Jung, Reinhard (Hg.)
Muchacha. Die unsichtbaren Dienerinnen Lateinamerikas. Bornheim 2, 1984

ders.:
Kleine Hände, kleine Fäuste.Ausbeutung und Widerstand der Kinder Lateinamerikas. Edition terre des hommes. Wien und München 1983

Köhler, Holm Detlev und Manfred Wannöffel (Hg.)
Gewerkschaften und Neoliberalismus in Lateinamerika. Verl. Westf. Dampfboot. Münster 1993

Kross, Eberhard
Die Barriadas von Lima. Stadtentwicklungsprozesse in einer lateinamerikanischen Metropole. Schöningh. Paderborn 1992

Kruse, Sabine
Peru: Anpassungspolitik und »autogolpe«. Bilanz nach zwei Jahren Präsidentschaft von Alberto Fujimori. Inst. f. Iberoamerika-Kunde. Hamburg 1992

Lanczkowski, Günther
Die Religionen der Azteken, Maya, und Inka. Wiss. Buchges. 1989

Lindig, Wolfgang und Münzel, Mark
Die Indianer. Kulturen und Geschichte der Indianer Nord-, Mittel- und Südamerikas. dtv. München 1978

Luchting,Wolfgang A. (Hg.)
»Mit Jimmy in Paracas« und andere peruanische Erzählungen. Tübingen und Basel o.J.

Mamani, Gregorio Condori
»Sie wollen nur, daß man Ihnen dient...« suhrkamp. Frankfurt 1985

Mansilla, H. C. F.
Ursachen und Folgen politischer Gewalt in Kolumbien und Peru. Vervuert. Frankfurt/M 1993

Märchen, Mythen und andere Literatur aus Indiosprachen. Ketschua Lyrik
A. d. Span. nachgedichtet von Juliane Babula-Diaz. Hrsg. v. Mario Rozzeto. Vorw. v. Schlenther. Mit einem Aufsatz von Jose Maria Arguedas und Alejandro Ortiz Rescaniere. Mit 40 Bilddokumenten. Leipzig 1990

Massarat, Mohsen u.a. (Hg.)
Die Dritte Welt und wir. Bilanz und Perspektiven für Wissenschaft und Praxis. Verlag iz3w. Freiburg 1993

Medico International u. Berliner Institut f. vergl. Sozialforschung (Hg.)
Weltflüchtlingsbericht 1993. Frankfurt 1993

Misereor (Hg.):
Eine Brücke nach Peru. Kinder im Andenhochland. Materialien für Lehrer und Erzieher. Aachen 1985

dies.:
Bolivien und Peru. Wege in die Verarmung. Aachen 1987

dies.:
Peru. Bolivien. Länderheft.

Museum für Völkerkunde Basel (Hg.)
Menschen in Bewegung. Reise – Migration – Flucht. Red.: Gerhard Baer, Susanne Hammacher. Birkhäuser Verlag Basel/Boston/Berlin 1990

Museum für Völkerkunde Frankfurt/M (Hg.)
Herrscher und Untertanen. Roter Faden zur Ausstellung. Frankfurt/M 1974

Moßbrucker, Harald
Dorfstruktur und Migration in Peru. Eine vergleichende Fallstudie aus dem Departement Lima. Breitenbach-Verlag. Saarbrücken/Fort Lauderdale 1991

Müller, Thomas und Müller-Herborn, Helga
Kinder der Mitte. Die Q'ero-Indianer. Lamuv. Bornheim 1986

Nohlen, Dieter / Nuscheler, Franz
Handbuch der Dritten Welt, Band 2; Südamerika: Unterentwicklung und Entwicklung. Hamburg 1982

Oland, Klaudine
Zum Beispiel Indianer in Lateinamerika. Lamuv
Süd-Nord TB 83, 1990

Oertzen, Eleonore von
Peru. Beck'sche Reihe. Aktuelle Länderkunde.
München 1988

Parnreiter, Christof
Migration und Arbeitsteilung. AusländerInnen-
beschäftigung in der Weltwirtschaftskrise. Por-
media. Wien 1994

Potts, Lydia
Der Weltmarkt für Arbeitskraft. Von der Koloni-
sation Amerikas bis zu den Migrationen der Gegenwart. Junius Verlag. Hamburg 1988

Rodrigo, Jean Michel
Der dritte Sendero. Weder leuchtender Pfad
noch Fujimori. Die Alternative der peruanischen
Volksbewegung. Rotpunktverlag. Zürich 1994

Rodriquez Rabanal, César
Überleben im Slum. Psychosoziale Probleme peruanischer Elendsviertel. Fischer. Frankfurt 1990

Rummenhöller, Klaus
Vom Kautschukboom zum Goldrausch. ila,
Bonn 1985

Schibotto, Giangi
Unsichtbare Kindheit. Kinder in der informellen
Ökonomie. Verl. f. interk. Komm. Frankfurt 1993

Schley, Gernot
Im Schatten der heiligen Pflanze. Boliviens Coca-
Bauern klagen an. Horlemann-Verlag. Unkel
1992.

Scorza, Manuel
Garabombo, der Unsichtbare. Verlag Autoren
Edition. München 1978 (Orig. 1972)

ders.
Trommelwirbel für Rancas. suhrkamp. Frank-
furt/M 1975 (Orig. 1973)

ders.
Der schlaflose Reiter. Aufbau Verlag. Ber-
lin/Weimar 1981 (Orig. 1978)

Steinhauf, Andreas
Interaktionsnetze als Entwicklungsstrategie. Zur
Dynamik sozialer Netzwerke im informellen
Sektor Perus. Lit-Verlag. Münster/Hamburg
1992

Ungerer, Toni
Heute hier – morgen fort. Diogenes Verlag

UNHCR-Report 1994
Die Lage der Flüchtlinge in der Welt. Verlag
J.H.W. Dietz Nachf., Bonn 1994

Vargas Llosa, Mario
Das grüne Haus. suhrkamp. Frankfurt/M 1976

ders.
Die Stadt und die Hunde. suhrkamp. Frank-
furt/M 1980

Westphal, Wilfried
Unter den Schwingen des Kondors. Das Reich
der Inka. Weltbild-Verlag 1985

Yupangui, Tito Cusi
Die Erschütterung der Welt. Ein Inkakönig berichtet über den Kampf gegen die Spanier. Freiburg 1985